师说家庭教育

上海市田林第三中学家庭教育创新实践的十六堂课

李慧清　主编

家教有方　成才有望

校长寄语
家校共育
点亮孩子成长路

"码"上学习
家庭教育

师说课堂
精品课程
学习家育好方法

上海教育出版社
SHANGHAI EDUCATIONAL
PUBLISHING HOUSE

编 委 会

序
Preface

　　在为人生奠基的基础教育阶段，家庭教育发挥着非常重要的作用。家庭与学校是学生早期成长中的重要场所。上海市田林第三中学秉持"家校共育，立德树人"的办学理念，十分重视家庭教育工作，组织校内经验丰富的教师，成立了一支家庭教育研究团队。研究团队通过调研，凝练家庭教育的核心议题，借助数年的研究和实践，形成了一系列有效且可推广的应对之策。《师说家庭教育——上海市田林第三中学家庭教育创新实践的十六堂课》一书凝聚了学校、家长和相关专家的努力与智慧，也是对《中华人民共和国家庭教育促进法》（以下简称《家庭教育促进法》）实施的一种贡献。

　　本书内容涵盖家庭教育的多个方面，包括家庭教育的现状洞察、家庭建设的迫切性、培育家庭文化的必要性、传承优良家风的重要性等。本书不仅强调了家庭、学校、社会在未成年人教育中的职责和协同机制，还通过实际的调查研究和深入访谈，全方位、多角度地收集了家庭教育的第一手资料，全面反映了中学生的家庭教育现状，这确保了书中内容的真实性。

　　本书的特点在于其研讨问题的针对性和实践（可操作）性，书中提出的"家庭教育七大共识""家庭教育沟通八堂课""家庭教育实践八堂课"，不仅提供了相关问题的理论分析，还通过具体的案例分析，为家长提供了实际操作的方法和技巧。这些内容的设置充分体现了学校在家庭教育领域的专业性和对提升家庭教育质量的责任心。

在阅读本书时,建议读者能够重视以下五方面。

一是理论与实践相结合。本书提供的理论和方法,需要家长根据自己家庭的实际情况进行调整和实践。家庭教育没有一成不变的公式,需要的是家长的创造性和灵活性。

二是持续学习与反思。家庭教育的过程不仅是孩子成长的过程,也是家长成长的过程。家长应当与孩子一起学习,成为孩子成长道路上的伙伴。

三是重视沟通与理解。本书强调亲子沟通的重要性。家长应当学会倾听孩子的心声,理解他们的需求和感受,建立基于相互理解和尊重的亲子关系。

四是培养孩子的内驱力。本书提出了多种方法来增强孩子的内驱力。家长应当鼓励孩子自主学习,培养他们的责任感和自我管理能力,而不是简单地施加压力。

五是积极参与学校活动。家长应当积极参与学校组织的各项活动,与学校保持良好的沟通和合作,共同促进孩子的全面发展。

本书体现了上海市田林第三中学对家庭教育的深刻理解,是学校不断实践和创新的结晶。它不仅为家长提供了宝贵的教育资源,还为家庭教育的创新发展提供了思路和方法。我们期待本书能在《家庭教育促进法》的实施中发挥作用,为孩子的全面发展做出贡献。

国家教育咨询委员

张民选

2024 年 11 月

前 言
Foreword

　　《关于进一步减轻义务教育阶段学生作业负担和校外培训负担的意见》（以下简称"双减"政策）的出台为教育生态的优化奠定了坚实的基础，使教育真正回归到培养人才的初心上来。这一政策的实施，不仅可以减轻学生的学业负担，也有利于教育回归本质，更加注重学生的全面发展。随着《家庭教育促进法》在我国的颁布与实施，家庭教育日益成为社会各界关注的焦点。通过立法，进一步明确了家庭教育的重要性，强调了家庭在教育中的作用。

　　上海市田林第三中学积极探索家校共育创新之道，指导家长有效实施家庭教育。2022 年，学校针对 1300 多名学生的家庭教育状况进行了深入的问卷调研，并对多位家长和教师代表开展一对一访谈，发现家庭教育中普遍存在的难题与困惑，从而助力家长更新教育观念，缓解教育焦虑，科学陪伴孩子成长。通过调研和访谈，我们深入了解了家长在家庭教育中的需求和挑战。在现代社会，信息迭代速度非常快，孩子的学习能力也很强，互联网、新媒体……很多新鲜事物都在吸引孩子的注意力。如何培养孩子的兴趣爱好，增强孩子的自控力，是值得教育工作者和家长深思的问题。另外，青春期问题也让家长感到困扰。家长一方面欣慰地看到孩子的独立与成长；另一方面也会因孩子的逆反心理而焦虑。因此，搭建桥梁，帮助孩子与家长建立良好沟通关系，提升家庭教育的综合水平，是学校创新开展家庭教育的重要目标。

在落实家庭教育的过程中,我们发现达成共识非常关键。通过分析、总结调研和访谈的结果,我们归纳出了家庭教育的七大共识,分别是平等、尊重、信任、沟通、理解、接纳、支持。达成这七大共识是构建健康和谐家庭环境的关键,对孩子的全面发展具有不可估量的价值。在家庭中倡导平等,意味着每个家庭成员,无论年龄大小,都有表达自己意见和感受的权利,都应被平等对待,这有助于培养孩子的自尊心和自信心。在家庭中倡导尊重,意味着家长要尊重孩子的个性、想法和选择,这有助于激发孩子的独立思考能力和创造力,培养孩子的同理心,让孩子学会尊重他人、求同存异。在家庭中倡导信任,意味着家长要支持和信任孩子,提升孩子的自信心,这能让孩子在面对失败时不轻易放弃,同时学会信任他人,建立稳定的人际关系。在家庭中倡导沟通,意味着家长要及时了解孩子的需求和困惑,适时指导和帮助孩子,这有助于孩子学会表达自己的情感,增强解决问题的能力。在家庭中倡导理解,意味着家长要理解孩子的情绪、兴趣和挑战,精准地提供支持和引导,这有助于加深亲子感情,增强孩子的安全感和归属感。在家庭中倡导接纳,意味着家长要接纳孩子的优点和不足,这有助于孩子建立自我价值感,更加自信地探索自我,勇于面对挑战,同时具有宽容的心态。在家庭中倡导支持,意味着家长既要做孩子坚实的后盾,给予孩子面对困难和挫折的勇气,也要为孩子提供必要的学习资源和机会。这七大共识不仅能让家庭成员更加和谐亲密,还有助于孩子的身心健康发展,提高孩子的社会适应能力。

为了优化家庭教育方法,学校充分发挥自身优势,集结了一批校内资深教师,组建了专业的家庭教育指导团队,针对家庭教育难题,精心打造了一系列的家庭教育课程。

"家庭教育沟通八堂课"旨在促进家庭成员有效沟通,形成良好和谐的亲子关系。其中,"好汉如何提'当年勇'"引导家长有效分享个人经历,为孩子树立榜样。"如何让表扬更有趣,让批评更有用"提醒家长在表扬时注重具体行为,增强孩子的自我价值感,在批评时注意方式方法。"高效陪伴,快乐成长不缺席"强调陪伴的质量,引导家长积极参与孩子的校外活动,加深亲子关系。"用六种方法增强孩子的内驱力"介绍了六种激发孩子内驱力的方法,让家长引导孩子学会自我管理,享受达成目标的快乐。"四步学会悦纳孩子"让家长通过"接纳孩子—积极倾听—鼓励表达—共同解决"的路径构建和谐的亲子关系,促进孩子健康成长。"读懂青春期孩子行为背后的心理需求"帮助家长理解青春期孩子出现情绪波动、社交焦虑、身份探索等行为的深层原因。"三步破解与青春期孩子沟通的难题"提示家长使用"耐心—共情—平等"的策略破解沟通难题,理解和尊重孩子。"戒掉那些口头禅,爱要正确说出来"告诉家长要采用正面的表达方式,真诚地表达爱与期望。这八堂沟通课是家庭教育的宝贵指南,能帮助家长掌握有效的沟通技巧,建立更加健康、积极的亲子关系,为孩子的全面成长奠定坚实的基础。

"家庭教育实践八堂课"旨在提高家庭生活的乐趣,营造良好的家庭文化。其中,"做好阅读这件事,学习轻松不费力"建议家长引导孩子通过阅读开阔视野,积累知识,提升理解能力和表达能力。"一起运动一起玩,亲子互动更有趣"告诉家长运动不仅能增强体质,还能增进亲子的情感交流。"再见吧!慢腾腾和乱糟糟"指导家长帮助孩子养成主动管理时间和及时整理物品的好习惯。"三招破解家庭音乐密码"引导家长激发孩子的音乐潜能,培养孩子的审美情趣。"科学技术敢创新,家庭实验真开心"启发家长通过家庭实验,引导孩子在实践中学习科学知识,提高问题解决能力。"高效制订计划,事半功倍全靠它"帮助家长引导孩子制订合理的计划,有条理地安排时间,提高学习和生活的效率。"做教练型家长,打开孩子的心门"启发家长要倾听、引导和支持孩子,而不是简单地命令和批评孩子。"走进博物馆,体验奇妙课"引导家长带孩子参观博物馆,让孩子直观地了解历史、文化和科学,增强学习兴趣。这八堂实践课涵盖阅读、运动、时间管理、音乐素养培育、科学品质提升等方面,旨在促进孩子的全面发展,提升家庭教育的质量和效果。

我们注重理论与实践的结合,力求与家长建立合作伙伴关系,扎实推进家庭教育工作。我们鼓励家长学习并应用课程中提炼的方法,逐步探索有益的教育策略,不断提升家庭教育能力。

苏霍姆林斯基指出,学校和家庭作为两个教育方,不仅要行动一致,向孩子提出同样的要求,更要志同道合,秉持一致的信念,始终从同一原则出发,在教育目的、过程和手段上保持统一。教育孩子是家庭、学校和社会共同的责任。孩子最大的幸运,莫过于拥有尽职尽责、充满激情的教师,以及以身作则、永不缺席的家长。在"双减"政策下,家长与教师的紧密配合,将是孩子教育成功的关键。

在立德树人的征途上,我们将秉持"主动发展 幸福成长"的办学理念,注重培育学生的道德品质和综合素养,激发学生的成长内驱力,让学生全面而有个性地发展。我们将不断探索家校合作的新模式,凝聚更强大的家校力量,为学生提供和谐优越的成长环境,奏响协同育人的乐章,创造双向奔赴的美好,让学生在爱与被爱的土壤中,茁壮成长,幸福花开。

上海市田林第三中学党支部书记、校长

2024 年 11 月

目 录
Contents

第一章

家庭教育的现状洞察

第一节　知法懂法，教养有底

家庭教育对未成年人的发展具有深远的影响。《家庭教育促进法》明确了家庭教育在未成年人成长中的关键性地位，为未成年人的健康成长提供了坚实的法律保障，也为家长指明了教育方向。《家庭教育促进法》还明确了家庭、学校、社会在未成年人教育中的职责和协同机制。家庭应当承担起教育孩子的主要责任，学校应当为家庭教育提供支持和指导，而社会应当为家庭教育创造更加良好的环境和条件。这种三位一体的教育模式有助于形成全社会共同参与未成年人教育的良好氛围。

然而，家庭教育并非易事。它需要家长具备科学的教育理念，掌握有效的教育方法，在日常生活中言传身教，为孩子树立良好的榜样。家长需要不断学习、进步，主动应对家庭教育过程中的各种挑战，满足孩子成长的各种需求。

一、推进家庭建设

《家庭教育促进法》对家庭建设提出了更为明确的要求和期望。家庭建设主要包含家庭文化的塑造、家庭情感的培养、家庭规则的制定、家庭教育的深化四部分。

1. 家庭文化的塑造

家庭文化是家庭核心价值观的集中体现。家长应该通过日常的行为示范、言语交流、家庭活动等，塑造积极向上的家庭文化，引导孩子形成正确的世界观、人生观和价值观。

2. 家庭情感的培养

家庭情感是孩子心理健康和适应社会的重要基础。家长要关注孩子的情感需求，给予他们及时的关爱和支持，让他们感受到家庭的温暖。家长还要教会孩子正确表达情感和处理人际关系，培养他们的情感表达能力，让他们掌握一定的社交技巧。

3. 家庭规则的制定

家庭规则是维护家庭秩序和促进孩子健康成长的重要保障。家长应该与孩子共同制定家庭规则，如作息时间、学习计划、家务分工等，让孩子明确自己的责任和义务。同时，家长要注重规则的灵活性和适宜性，根据孩子的成长变化及时调整规则内容。

4. 家庭教育的深化

家庭教育是传授知识、培养孩子综合素质和能力的重要途径。家长应该根据孩子的兴趣和特长，提供多样化的教育资源，组织丰富的活动，如阅读活动、体育活动等，促进孩子全面发展。

综上所述，在家庭建设实践过程中，家长需要注重四点：一是不断提高自身的文化素养和教育能力，为孩子树立良好的榜样；二是关注孩子的情感需求和心理变化，给予他们及时的关爱和支持；三是与孩子共同制定家庭规则，培养他们的责任感和自律能力；四是关注孩子的全面发展，为他们提供多样化的教育资源，组织丰富的活动。

相信通过《家庭教育促进法》的实施，我们可以共同促进孩子的健康成长和全面发展，为他们的未来奠定坚实的基础。

二、培育家庭文化

《家庭教育促进法》中明确提出要"培育积极健康的家庭文化"。家庭文化是一个多维度的概念,涵盖家庭内部的精神风貌、价值观念、生活方式以及家庭成员的互动方式等。在积极健康的家庭文化中,家庭成员能够彼此尊重、理解和支持,共同营造和谐、温暖的家庭氛围。积极健康的家庭文化能培养孩子的品格和才能,使孩子具有责任感。因此,培育积极健康的家庭文化,是每个家庭成员共同的责任和追求。家长可以从四方面着手。

1. 建立良好的沟通机制

家庭成员应该坦诚相待,倾听彼此的心声,共同分享喜怒哀乐。有效的沟通能够消除误解和隔阂,增进彼此的了解和信任。例如,每天晚餐时,全家人围坐在一起,分享一天的所见所闻,不仅能增进亲子关系,还能让孩子学会表达自己的想法和情感。

2. 传承积极的价值观念

传承积极的价值观念是培育积极健康家庭文化的关键。家长作为孩子的第一任教育者,应该以身作则,传递正确的价值观念,通过日常生活中的点滴教诲,引导孩子树立正确的世界观、人生观和价值观。

3. 营造和谐的家庭氛围

一个充满爱的家庭能够让成员感受到温暖和支持。家庭成员应该相互关心、理解和包容,共同面对生活中的挑战和困难。家长可以举办一些有趣的家庭活动,如户外活动等,增进亲子的情感交流,营造和谐温馨的家庭氛围。

4. 参与有益的实践活动

参与有益的实践活动是培育积极健康家庭文化的重要途径。通过参与家务劳动、节庆活动等家庭活动,家庭成员能够感受到家庭的温暖和力量。通过参与志愿服务、社区活动等社会活动,家庭成员能够开阔视野,增强社会责任感。

培育积极健康的家庭文化需要家庭成员的共同努力和持续实践。一个充满爱、温暖和正能量的家庭不仅能为家庭成员提供坚实的精神支柱,还能为社会的和谐稳定和繁荣发展做出积极的贡献。

三、传承优良家风

《家庭教育促进法》中明确提出要"树立和传承优良家风"。家庭是社会的细胞,是塑造人格、传承文化的重要场所。家风作为家庭文化的核心,承载着家庭的文化传统、价值观念和行为准则。优良的家风不仅能培养出优秀的个体,还能为社会注入正能量,推动社会进步。因此,传承优良家风显得尤为重要。

优良家风通常包括尊老爱幼、勤劳节俭、诚实守信、团结友爱等。它不仅有利于个人成长,也有助于家庭和谐与社会稳定。例如,尊老爱幼是中华民族的传统美德,体现了对长辈的尊敬和对晚辈的关爱,有助于形成和谐的家庭氛围。勤劳节俭是一种生活态度,家长要引导孩子珍惜劳动成果,避免铺张浪费,从而培养孩子的责任感和自律精神。

1. 爱与关怀是优良家风的灵魂

在塑造和传承优良家风的过程中,爱与关怀扮演着至关重要的角色。优良家风不仅是家庭的精神支柱,更是社会文明进步的基石,而爱与关怀则是优良家风的灵魂。

(1) 爱是优良家风的基石

一个家庭如果缺乏爱,家风便难以称为优良。家长对孩子的爱不仅体现为物质上的养育和满足,还体现为心灵上的呵护与引导。家长通过言传身教,将爱传递给孩子,让他们学会爱和关心他人。孩子在成长过程中也会把爱反馈给家长,形成一种良性的互动和循环。这种以爱为核心的家庭氛围,是优良家风得以形成和传承的基础。

(2) 关怀是优良家风的表现形式

在家庭中,关怀不仅是一种情感的表达,更是一种责任和义务。家长需要关注孩子的成长需求,了解他们的内心世界,适时引导和帮助他们。这种关怀既能帮助孩子更好地成长,又能增强家庭的凝聚力和向心力。孩子在成长过程中也需要学会关怀他人。这种相互关怀的家庭氛围能让家庭成员的关系更加紧密,也有助于优良家风的传承和发扬。

爱与关怀在优良家风中的作用是多方面的。一是能够促进家庭成员和谐相处。在一个充满爱和关怀的家庭中,成员相互尊重、理解和支持,这种关系能够让家庭成为一个温暖的港湾,为家庭成员提供强大的精神支持。二是能够增强家庭的凝聚力和向心力。家庭成员在共同经历风雨的过程中相互扶持、相互帮助,这种经历能够让家庭成员的关系更加紧密,让家庭成为一个不可分割的整体。三是能够引导孩子学会关爱、尊重他人,成为有爱心和责任感的人。

当然,优良家风的传承不是一蹴而就的,它需要家庭成员共同努力。在日常生活中,我们应该时刻关注家人的情感需求,给予他们关爱和支持。同时,我们应该提升自身的修养和素质,以良好的言行举止来影响和感染家人。只有这样,我们才能让家庭成为充满爱与关怀的温馨港湾。

2. 尊重与平等是优良家风的根基

尊重与平等作为家庭关系中不可或缺的两个要素,是优良家风的根基。一个家庭若想要培养出有品德、有责任感的下一代,就必须在家庭成员之间建立起尊重与平等的关系。这种关系不仅能够促进家庭和谐,还能够为家庭成员的全面发展提供坚实的支撑。

(1) 尊重是优良家风的核心

尊重意味着充分重视他人的人格、权利、选择和感受。在家庭中,尊重体现为家长对孩子的尊重、孩子对家长的尊重、兄弟姐妹的相互尊重。当家长尊重孩子的意愿和选择时,孩子会感受到自己有价值和被重视,从而更加自信和自尊。同时,孩子也能学会尊重家长和兄弟姐妹。家长要和孩子一起营造互相尊重的家庭氛围。

（2）平等是优良家风的基础

平等意味着在家庭中,每个成员都享有同等的权利和机会,不受性别、年龄、能力等因素的影响。在一个平等的家庭中,家长不会过分溺爱或忽视某个孩子,而是会给予他们平等的关爱和教育。孩子之间不会因年龄或能力的差异而产生优越感或自卑感,而是会相互学习、相互帮助。这种平等的家庭氛围能够让每个成员都感受到自己有价值和被重视,从而更加积极地参与家庭生活。

尊重与平等作为优良家风的根基,在家庭中发挥着至关重要的作用。一是能够促进家庭和谐。在一个充满尊重与平等的家庭中,成员相互理解、支持,共同营造和谐的家庭氛围。这种氛围能够促使家庭成员之间深度沟通。二是能够为家庭成员的全面发展提供有力的支撑。在一个平等的家庭中,每个成员都能够获得平等的机会和资源,从而充分发挥自己的潜力和才能。三是能够引导孩子学会尊重、平等对待他人,成为有品德和责任感的人。

让我们共同努力,积极营造充满尊重与平等的家庭氛围,为孩子的成长奠定坚实的基础。

3. 勤奋与自律是优良家风的体现

勤奋与自律作为个人品格的两大基石,同样也是优良家风的体现。将勤奋与自律的精神融入家风之中,不仅能够促进家庭成员的成长,还能够推动家庭向更高的目标迈进。

（1）勤奋是优良家风的必备品质

勤奋意味着不懈的努力和持续的付出,是追求成功和卓越的必备品质。在家庭中,家长要把勤奋的精神传递给孩子,让他们从小就明白要通过不懈努力来实现自己的目标和梦想。家长应该以身作则,通过自身的勤奋工作和学习,为孩子树立榜样。家长还应该鼓励孩子在学习和生活中保持勤奋的态度,不断追求进步和成长。这种勤奋的家风既能够让家庭成员在各自的领域取得优异的成绩,也能够让家庭成员在面对困难和挑战时更加坚韧不拔。

(2) 自律是优良家风的关键因素

自律意味着能够自我约束、自我管理,是实现个人目标和家庭目标的重要保障。在家庭中,家长要把自律的精神传递给孩子。家长应该引导孩子学会自我约束,遵守家庭规则和社会规范,保持良好的行为习惯和道德品质。家长还应该引导孩子学会制订计划和目标,并按照计划去执行,以达成自己的目标。这种自律的家风能够让家庭成员更有条理地生活和工作,在面对诱惑和干扰时坚定自己的信念与决心。

勤奋与自律作为优良家风的体现,在家庭中发挥着至关重要的作用。一是能够促进家庭成员的成长。通过勤奋与自律,家庭成员能够不断提升自身的能力和素质,实现自己的梦想和目标。这种成长不仅能够让个人更加自信和成功,也能够为家庭带来更多的荣誉和成就。二是能够推动家庭向更高的目标迈进。一个勤奋与自律的家庭会不断追求更高的生活质量和更好的发展前景。家庭成员的共同努力和协作,能够让家庭在各方面都取得更加优异的成绩。三是能够引导孩子养成优秀的品质。这种品质不仅能够让孩子在个人生活中取得成功,还能够让他们为社会做出更大的贡献。

让我们共同努力,积极营造充满勤奋与自律的家庭氛围,为孩子的成长奠定坚实的基础。

要传承优良家风,就要从家庭教育入手。家长应该以身作则,践行优良家风,为孩子树立良好的榜样。家长还应该注重培养孩子的独立思考能力、批判性思维以及社会责任感,使他们逐渐形成正确的价值观。

　　社区和社会环境对优良家风传承有着重要的影响。社区可以通过举办优良家风传承主题活动、评选优秀家庭等方式,营造传承优良家风的良好氛围。媒体和网络平台应该积极传播正能量,抵制不良信息的侵蚀,为优良家风传承创造有利的舆论环境。

　　在实践中,许多家庭进行了有益的探索。例如,有的家庭通过制定家规家训,明确家庭成员的行为准则;有的家庭注重家庭文化的传承,让孩子在接触传统文化的过程中,潜移默化地受到熏陶。这些实践表明,优良家风传承并非遥不可及,只要我们用心去做,就能够取得实效。

　　总之,传承优良家风是家庭、社会乃至国家的共同责任。通过家庭教育、社区活动以及全社会的共同努力,我们可以让优良家风代代相传,为社会的和谐发展贡献力量。

第二节　家校共育,立德树人

　　当前,初中生的家庭教育呈现出多元复杂的特点,这与社会的快速发展、教育理念的更新、家庭经济和文化背景的差异密切相关。其一,家长普遍比较关心孩子的教育问题。他们不仅关注孩子的学业成绩,也重视培养孩子的品格、兴趣爱好和社交技能。他们努力为孩子提供丰富的学习资源,与孩子建立紧密的沟通桥梁,为孩子创设温馨、和谐的学习环境。其二,家长在家庭教育方面存在一定的困惑和挑战。他们可能缺乏科学的教育方法,过度追求孩子的学业成绩,导致孩子承受了巨大的压力。他们可能会因工作繁忙或其他原因,无法给予孩子充分的陪伴和关爱,使孩子感到孤独和不被支持。为了改变这一现状,我们需要从多个层面进行努力。

一、确定家庭教育的角色分工

1. 家长是家庭教育的主体

家长要充分认识到自己是家庭教育的主体,发挥自身的主观能动性,持续学习,掌握科学的教育方法,深入了解孩子的成长规律,洞悉孩子的成长需求,注重培养孩子的综合素质,促进孩子个性化发展。家长要主动从学校和社会获取更多的教育资源,从而有效地履行自身的教育职责,促进孩子健康成长。家长要充分利用良好的政策环境和外部条件,更好地引导孩子成长。

2. 学校是家庭教育的支持者

为了促进初中生的全面发展,学校应该构建一个更加完善的家庭教育支持体系。这个体系应该发挥两方面的支持作用。一是加强家庭教育指导。学校可以通过创办家长学校、举办家庭教育讲座等,向家长传播科学的教育理念和方法,帮助他们更好地履行教育职责。学校还可以邀请教育专家、心理医生等专业人士,为家长提供个性化的咨询和指导服务。二是强化家校合作。学校和家庭是孩子成长的两个重要场所,二者的紧密合作对孩子的教育至关重要。学校可以定期与家长进行沟通交流,了解孩子在家庭中的表现和需求,为家长提供有针对性的建议和支持。同时,家长要积极参与学校的各项活动,关注孩子在学校的表现,及时了解孩子各方面的动态。

二、探索家校共育的新模式

1. 尝试多种形式的家校合作

为了落实立德树人根本任务,学校尝试采用多种方式开展家校合作,帮助家长突破家庭教育的困局。

一是提供家庭教育指导。学校定期举办家庭教育讲座或建立工作坊,邀请专家或教师为家长提供有针对性的指导建议。这些讲座涵盖如何建立良好的亲子关系、如何培养孩子的学习习惯、如何激发孩子的创造力等方面,能帮助家长了解家庭教育的科学方法和技巧,提高家长的教育能力。

二是加强家校沟通合作。学校通过定期的家访、家长会等形式,加强与家长的沟通合作。通过了解孩子在家庭中的表现和需求,学校可以为家长提供更具体和有针对性的教育建议。同时,家长可以向学校反馈自己在家庭教育中的困惑和问题,寻求学校的帮助和支持。

三是共享家庭教育资源。学校定期向家长推荐家庭教育资源共享平台,为家长提供丰富的家庭教育资源。这些资源包括教育类书籍、视频、音频等,能让家长更好地了解家庭教育的理论知识,借鉴他人的有益经验。家长还可以借助平台交流互动,分享家庭教育的经验和心得,营造互相学习、互相支持的良好氛围。

四是建立家校合作评估机制。学校主动搜集家长、学生和教师的反馈意见,了解家校合作中存在的问题和不足,及时调整、改进合作的方式和方法。学校建立家校合作评估机制,定期对家校合作的效果进行评估和总结。评估结果是学校改进家庭教育工作的重要依据。

五是开设家长教育培训课程。学校开设专门的家长教育培训课程,为家长提供系统学习的机会。这些课程包括亲子沟通技巧、家庭规则设定、孩子心理健康指导等内容。通过学习这些课程,家长能更好地了解孩子的心理需求,掌握教育孩子的技巧,与孩子建立更加和谐的关系。

六是组织家校互动活动。学校定期组织家校互动活动,如亲子运动会、文化节、艺术节等,让家长和孩子共同参与。这些活动不仅可以增进家校之间的联系,还能让孩子感受到家长的支持和鼓励,提升孩子的自信心和归属感。

七是建立家长志愿者团队。学校鼓励家长参与学校的志愿者活动，加入家长志愿者团队。家长志愿者团队会参与学校的各项活动，如课外阅读辅导、课外活动组织等。通过参与志愿者活动，家长能深入了解学校的教育理念和工作方式，更好地支持孩子的成长。

八是推广数字化家校沟通平台。随着科技的发展，数字化家校沟通平台已经成为家校合作的重要工具。学校推广使用家长微信群、学校官方网站等，方便家长随时了解学校的动态和孩子的学习情况。

通过采取这些措施，学校可以更加深入地开展家校合作，帮助家长突破家庭教育的困局，为孩子的成长创造更好的环境。这种合作也有助于增强学校与家庭的互动，使两者形成教育合力。

2. 高度重视家长学校的建设

学校高度重视家长学校的建设，并将其作为提升家长教育理念和方法的重要途径。为了有效落实家长学校的工作，学校精心设计了一系列的课程，以满足不同家长的需求和兴趣。

学校开设了家长学校的基础教育课程，帮助家长了解孩子成长的基本规律和特点，掌握正确的教育理念。这些课程包括儿童心理学、教育学基础等，能让家长全面了解孩子的发展需求，为孩子的成长提供更有力的支持。

学校针对家长在教育孩子过程中遇到的具体问题，开设了专题课程，如"如何培养孩子的自主学习能力""如何与孩子建立良好的沟通关系"。这些课程旨在帮助家长解决实际问题，提高家长的教育能力。

学校注重实践课程的设计，通过亲子活动、家长分享会等，让家长在实践中学习并体验教育的乐趣。

为了有效实施课程，学校还建立了完善的课程体系和评价体系。学校定期对课程进行评估和调整，以确保课程内容能满足家长的需求。学校还鼓励家长积极参与课程的评价和改进，让课程更加贴近家长的实际需求。

学校通过精心设计家长学校的课程,为家长提供了学习家庭教育新理念和新方法的平台。今后,学校将继续努力,不断完善和优化课程,为家长和孩子的共同成长提供更有力的支持。

学校计划从四方面着手,办好家长学校,更好地落实家庭教育指导工作。

一是加强家庭教育师资队伍建设。学校会定期举办家庭教育专题培训,提高教师的家庭教育指导能力,使他们能更好地为家长提供科学、有效的家庭教育指导。学校鼓励教师积极参与家庭教育研究和实践,努力建设一支专业化、高水平的家庭教育师资队伍。

二是完善家庭教育课程体系。学校结合学生的年龄特点和成长需求,设计符合实际的家庭教育课程,注重课程内容的实用性和可操作性。同时,学校加强与家长的沟通,了解他们的需求和困惑,有针对性地调整和优化课程内容,使家庭教育课程更加符合家长和学生的实际情况。

三是创新家庭教育指导方式。学校采用线上线下相结合的方式,为家长提供更加便捷、多样的家庭教育指导服务。在线上,学校定期发布家庭教育知识,分享家庭教育经验,为家长提供互动和学习的机会。在线下,学校通过组织家长座谈会、亲子活动等形式,加强家长的交流和互动,共同促进孩子的健康成长。

四是加强家庭教育与学校教育的衔接。学校与家长沟通合作,共同制订家庭教育和学校教育的协同计划,形成教育合力。同时,学校鼓励家长积极参与教育活动,了解孩子在学校的学习和生活情况。

通过采取以上措施,我们进一步落实家庭教育指导工作,为孩子的成长营造更加良好的环境。同时,我们也期待与家长、教育同仁等携手合作,共同探索家庭教育的新模式和新路径。

三、尝试推进家校社共育

在当今社会,教育不仅仅是学校的责任,家庭、学校和社会都应参与教育过程,紧密合作,共同为孩子的成长和发展营造有利的环境。我们积极创新家校社共育模式,通过采取一系列具体的措施,推动家庭、学校、社会的深度融合。

1. 注重与家长的沟通合作

我们建立了家长委员会,定期召开家长会,让家长能够及时了解学校的教育教学情况,并提出意见和建议。我们还通过微信公众号、家长信箱等渠道,加强与家长的日常沟通,让家长更加方便地了解学校的最新动态,从而更好地参与孩子的教育。

2. 积极整合社会资源

我们与社区、博物馆、图书馆等建立了合作关系,定期组织学生参加各种社会实践活动,让学生在实践中增长见识,开阔视野。我们还邀请社会上的专家学者等来校开办讲座和分享知识,为学生提供多元化的体验。

3. 积极探索家校社共育的新模式

我们开展了"家长讲堂""社会安全实训""亲子阅读"等创新活动,让家长深入地参与孩子的教育。这些活动不仅增强了家庭、学校、社会的互动和合作,还激发了学生的学习兴趣,促进了学生的全面发展。

家校社共育是教育领域的重要理念,强调家庭、学校、社会在培养孩子过程中的紧密合作与协同。其一,家校社共育有助于创设全方位的育人环境。家庭是孩子成长的摇篮,学校是孩子学习知识和塑造品格的重要场所,而社会是孩子实践知识和检验品格的广阔天地。三者紧密合作,能够确保孩子在成长过程中得到全面、系统、连贯的教育。其二,家校社共育能够对孩子产生积极的影响。家庭、学校、社会共同关注孩子的成长,可以及时发现并解决孩子在成长过程中遇到的问题,从而避免问题的积累和恶化。这种教育模式也有助于培养孩子的社会责任感、团队协作能力和创新精神，有利于孩子的健康成长。

家校社共育能够促进家庭、学校、社会的沟通与理解。通过共同参与孩子的教育过程，家庭、学校、社会可以更好地了解彼此的需求和期望，从而营造更加和谐、稳定的教育环境。家校社共育是一种具有深远意义和极高价值的教育模式，能够为孩子的未来发展奠定坚实的基础。

第三节　调研现状，回归需求

《家庭教育促进法》第十五条明确提出，未成年人的父母或者其他监护人及其他家庭成员应当注重家庭建设，培育积极健康的家庭文化，树立和传承优良家风，弘扬中华民族家庭美德，共同构建文明、和睦的家庭关系，为未成年人健康成长营造良好的家庭环境。

提高家庭教育的综合水平既是青少年成长的有力保证，也是提高全民素质的基本前提。我校在实践中深刻体会到家庭教育的重要性和迫切性。为了进一步促进学生的健康成长，深入落实《家庭教育促进法》，我校在 2022 年积极开展了面向全体学生的家庭教育情况调研。

一、调研方法

本次调研以问卷调查为主，结合观察、访谈和座谈等形式，围绕中学生在家庭中的学习情况、生活情况和沟通情况展开。我校结合家长对孩子的全面观察以及教师观察到的学生综合表现来全面分析学生的家庭教育现状。家庭教育情况调研表见表 1-1。

表 1 - 1　家庭教育情况调研表

调研时间	2022 年 1 月 15 日至 2022 年 3 月 2 日
调研对象	全校学生家长、部分教师代表
调研方法	1. 问卷调查法 　　主要采用问卷调查法,从"家庭教育的基本情况""家长对家庭教育的认识""学生在家庭中的学习情况、生活情况和沟通情况"等方面对全校学生家长展开调研,共发放电子问卷 1523 份,回收有效问卷 1339 份。 2. 访谈调研法 　　主要采用一对一访谈调研法,以线下访谈的方式对 8 位教师、15 位家长代表展开调研。

二、调研结果与分析

1. 家庭教育的基本情况

填写调研问卷的家长中,母亲占比为 72.59%。这从侧面说明家庭教育中母亲的参与度更高,与访谈中教师反馈的情况基本一致。从调研结果中可以看出,我校学生多为独生子女(占比为 74.16%)。我校男生与女生的占比分别为 54.52% 和 45.48%,男生数量略高于女生。就学习情况来看,对孩子学习情况非常满意和满意的家长占比为 58.18%,其他家长对孩子学习情况不够满意。这一方面反映出家长对孩子的学习要求比较高,另一方面也成为家庭沟通问题甚至是冲突的主要来源。就生活情况来看,81.33% 的家长对孩子的生活表现非常满意或者满意。就沟通情况来看,仅有 59.75% 的家长非常了解孩子目前的情绪状态,情绪问题是家庭教育的痛点。就亲子关系来看,关系非常融洽的占比为 64.00%,关系一般的占比为 33.53%,这说明个别家庭存在亲子关系不和谐的问题。

很多家长都非常重视家庭教育,注重情商、兴趣爱好的培养,希望孩子全面发展。家长整体表现出渴望做好家庭教育工作的意愿。部分家长积累了有益的教育经验,如支持孩子提升学业成绩、培养孩子对运动或阅读的兴趣,值得参考借鉴。部分家长表现出明显的升学焦虑,缺乏教育孩子的科学方法,还停留在依靠自我认识和个人经验教育孩子的阶段。整体而言,家长需要专业、系统的家庭教育指导,需要学习有效的沟通模式,以帮助孩子处理问题。家长要营造顺畅沟通的家庭环境,营造和谐温暖的家庭氛围。

2. 家长对家庭教育的认知情况

我们着重从言传身教、家庭交流、有效沟通、心理洞察、社交关系、品德素养、独立能力七方面了解家长对家庭教育的认知情况,洞察数据背后潜藏的家庭教育问题。

（1）言传身教

家长对言传身教的认知见图1-1,51.98%的家长认为言传与身教都重要,39.36%的家长认为身教重于言传。这说明绝大多数家长充分认识到了身教的重要性。但在实际调研中,也有家长表示,自己虽然认识到了身教很重要,但有的时候会因为各种原因没有做到身教,需要改进。

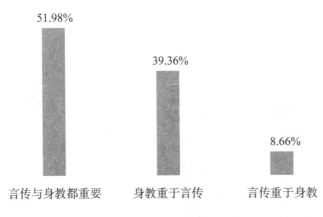

图1-1　家长对言传身教的认知

（2）家庭交流

家长每周与孩子交流的时长见图1-2,除了辅导作业,家长每周与孩子交流的时长在 5 小时及以上的占比为 29.13％,在 3 至 5 小时的占比为 28.30％,在 1 至 3 小时的占比为 33.76％,在 1 小时以内的占比为 8.81％。这反映出家长每周与孩子交流的时长不足。家庭交流时长不足,亲子沟通就容易出现问题。家长要重视亲子交流。

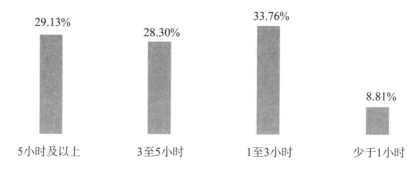

图 1-2　家长每周与孩子交流的时长

（3）有效沟通

孩子对家长教导的态度见图 1-3,32.79％的孩子愿意听从家长的教导,43.24％的孩子一般情况下会听从家长的教导,22.18％的孩子不怎么听从家长的教导。在中学阶段,孩子的独立意识增强,很多家长反馈孩子在这个阶段不听话了,不好管了,这其实是因为他们对孩子的青春期缺乏系统的认识。为了帮助孩子顺利度过青春期,家长必须掌握有效沟通的技能。

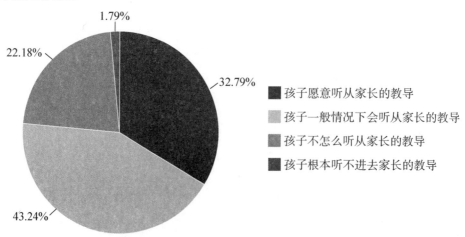

图 1-3　孩子对家长教导的态度

（4）心理洞察

中学阶段的孩子渐渐有了自己的想法或秘密。家长对孩子的心理洞察见图 1-4,31.25％的家长认为自己非常了解孩子的想法,56.91％的家长认为自己基本了解孩子的想法,10.38％的家长部分了解孩子的想法。青春期是孩子成长的必经阶段,家长要尊重孩子的隐私,建立亲子关系的边界感。

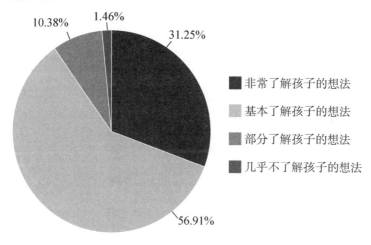

图 1-4　家长对孩子的心理洞察

（5）社交关系

40.93％的家长通过交流和观察发现孩子与教师、同学等的关系非常融洽。48.91％的家长发现孩子的社交关系中有融洽的,也有不太融洽的。相比家长的认同,初中阶段的孩子更在意教师、同学等的认同。一些孩子对朋友认同感的渴望甚至超过了对教师认同的期待。家长要教会孩子处理社交关系。

（6）品德素养

当提到家庭教育的核心时,品德素养被家长放在了第一位（占比为66.32％）,其他依次为良好的行为习惯（占比为 66.24％）、一技之长（占比为 46.30％）、优异的成绩（占比为 41.60％）、多才多艺（占比为24.72％）。52.65％的家长认为以上内容都很重要。这反映出家长对孩子全面发展的期待。

（7）独立能力

当提到家庭教育的目标时,85.74%的家长希望孩子将来能够拥有独立的人格,83.94%的家长希望孩子将来能够自力更生。从具体目标来看,选择"树立远大的人生理想"的家长占比为46.75%,选择"考上一所好的大学"的家长占比为42.42%。这说明家长对孩子的未来具有清晰的认知,希望孩子在精神和经济上都能够独立。如何培养独立的孩子,是一个值得深度探究的好问题。

3. 学生的学习情况

（1）学习表现

家长对孩子在校学习表现的了解程度见图1-5,8.66%的家长表示了如指掌,85.88%的家长表示基本了解。这既反映出家长对孩子学习的重视程度,也反映出家长渴望掌控孩子的学习。

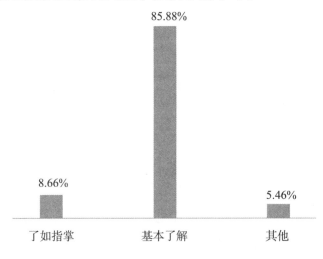

图1-5 家长对孩子在校学习表现的了解程度

（2）了解方式

对于孩子的学习情况,29.72%的家长会听孩子主动分享,57.80%的家长会主动询问孩子,11.72%的家长会向教师咨询。

（3）家庭作业

45.03%的孩子能自己做作业,遇到不会的题目会向老师、同学请教,或者通过其他形式来完成。32.64％的孩子能自己独立完成作业,然后由家长检查指导。这充分说明初中生的独立性比小学生强。

（4）学习习惯

41.40％的孩子自己知道学习,放学后会先做作业,不用家长操心。33.60％的孩子需要家长不断提醒才会去学习。另外,22.40％的孩子做作业效率不高,每天要做到很晚才能完成作业。这些孩子的学习主动性不强。

（5）学习动机

很多家长反馈孩子学习动机不明确,43.32％的孩子需要家长反复督促才学习。23.15％的孩子希望得到老师的认可,11.58％的孩子想比其他同学表现好,7.09％的孩子自己热爱学习,9.04％的孩子因梦想的驱动而努力学习。总体来说,只有不足20％的孩子展现出较强的学习动机,积极主动地学习。如何激发孩子的学习内驱力是家庭教育的一大难点。

（6）学习挫折

当孩子的学习成绩达不到家长的期待时,34.58％的家长会帮助孩子分析原因,46.90％的家长注重孩子的学习心理建设,会给予孩子鼓励和帮助,10.46％的家长非常焦虑,会流露出失望的神情或责备孩子。家长的态度会对孩子的成绩提升产生重要的影响。

（7）学习计划

当学习计划没有完成时,49.44％的家长会帮助孩子分析原因,重新制订更合理的学习计划,36.30％的家长会鼓励孩子继续努力,但并未给孩子提供有效的学习支持,11.43％的家长会表现出对孩子的失望,批评孩子。

总体来说,家长希望孩子在学习目标、学习习惯、学习方法、学习兴趣、学习心态、学习动机等方面获得一定的专业支持。同时,家长需要系统提升自身的家庭教育能力,为孩子提供有效的方法指导。

4. 学生的生活情况

我们不仅关注孩子的学业成绩,还关注孩子的生活习惯和生活能力。对生活情况的调查,主要围绕生活习惯、金钱意识、休闲活动、课余爱好展开。

(1)生活习惯

18.00%的孩子能自己的事情自己做,按时起床,在家会做一些力所能及的事情。58.25%的孩子需要家长催促,才会做一些家务。23.08%的孩子基本不做家务,由家长代为处理各种生活问题。在调研中,多数家长提到希望孩子做一些力所能及的家务。

(2)金钱意识

57.21%的家长会定期给孩子一些零花钱,由孩子自由支配。28.90%的家长平时不给孩子零花钱,孩子需要时可以开口问家长要,但必须说明用途。3.96%的家长帮助孩子制订了详细的理财计划,有意识地培养孩子的财富观念。

(3)休闲活动

95.00%的家长对孩子玩电子产品有明确的规定,但有一半的孩子不能很好地执行,这很容易激发亲子矛盾。电子产品的使用与管理是家庭教育的一大难题。

(4)课余爱好

初中阶段的孩子比较喜欢运动、阅读和画画,占比分别为 61.02%、52.13% 和 37.64%。他们还喜欢乐器等,整体体现出爱好多样化的特点。

由此可见,家长普遍对孩子的生活自理能力存在一定的担忧,但考虑到时间等因素,他们会尽量自己做好家务。很多家长重视孩子的课余爱好,但很少培养亲子共同的爱好。在有条件的情况下,建议家长进行基础的财富知识普及,培养孩子的财富观念。

5. 家庭教育中的沟通情况

（1）平等沟通

81.11％的家庭能平等沟通，70.65％的家庭能以愉悦、轻松的方式相处，52.43％的家长跟孩子像朋友一样相处。由此可见，我校学生的家庭氛围整体良好。48.24％的家庭注重日常谈心，家长会关注孩子感兴趣的事情，主动了解孩子在学校里的情况等。当孩子讲到学校、老师和同学的事情时，96.56％的家长会耐心倾听，细致提问，给出一些积极的反馈。

（2）批评错误

在家庭教育中，家长难免会因为孩子犯了错误而批评他们。57.06％的家长会与孩子讨论发生的事情，并允许孩子申辩。38.54％的家长会摆事实讲道理，坦诚地帮助孩子。调研中发现，个别家长存在打骂孩子的情况，学校对此很关注，积极向家长传播正确的家庭教育理念，尽量避免家长打骂孩子的情况发生。

（3）矛盾处理

当家庭教育过程中发生矛盾，家长用过激的言行伤害到孩子时，52.08％的家长会向孩子道歉。15.09％的家长会选择默默改正，不向孩子道歉，以此来维护自己在家中的威信。2.84％的家长认为是孩子引起自己发火，自己虽然言行不当，但孩子也不应该怪罪自己。

（4）其他问题

当孩子与同学发生矛盾时，95.82％的家长会问清楚缘由，与孩子讨论解决方法。当孩子与异性交往时，93.05％的家长会耐心与孩子交谈，帮助其正确认识并处理与异性的关系。

家庭教育中实实在在地存在着一些问题，如代沟问题、家长双方因教育理念不一致而争吵、家长没有及时察觉孩子的不良情绪。这些问题在一定程度上影响了孩子的健康成长，尤其是心理健康，值得关注。学校和家长应寻求好的沟通模式,从而优化亲子关系。

三、家庭教育中的常见问题

1. 如何激发孩子的学习内驱力

无论是问卷调查,还是面对面访谈,本次调研中讨论较多的问题是如何提升孩子的学习内驱力。目前,很多孩子的物质生活都得到了充分的保障,或许正因为如此,他们缺乏学习动机。如何有效地激发孩子对学习的好奇心和求知欲困扰着家长。很多孩子需要家长督促和老师监督才能投入学习,这让家长和老师十分困扰。这不仅仅是我校的教育难题,也是现在教育普遍的教育难题。

2. 如何开展青春期的性教育

在调研中,多位老师和家长指出,现在的孩子整体上成熟较早,独立意识较强,容易出现叛逆等行为。孩子获取信息的渠道较多,自身又处于发育状态,对自身和异性的好奇心促使他们渴望了解更多的信息。针对中学阶段的孩子家长,尤其是六年级孩子的家长,开展青春期知识的系统科普,是当务之急。

3. 如何管理自身的情绪

家长的情绪管理能力不强是一个比较普遍的问题。情绪控制不在于年龄和学历,而在于自身的修为。情绪稳定的家长,孩子有样学样也会较为平和。家长要学会管理自身的情绪,以平和的心境与孩子沟通。

4. 如何优化沟通的语言

有些家长习惯使用一些指责、不尊重和埋怨的语言与孩子沟通,对孩子造成了一定的伤害。如孩子都很讨厌家长拿自己跟别的孩子比较,也不希望家长揭自己的伤疤等。一些家长在不经意间伤害到了孩子却未觉察。学校要帮助家长使用积极的语言,正确地表达对孩子的鼓励和肯定。

5. 如何读懂孩子

到了初中阶段,很多家长反馈孩子不愿意与自己沟通,一回到家就关上房门,拒绝沟通,即使沟通也很容易发生争吵。这一方面预示着孩子可能进入了青春期,另一方面说明亲子关系进入了一个新的阶段。孩子有了独立的意识和想法后,家长需要学习沟通技巧,使用一些交心的语言与孩子共情,读懂孩子的内心世界。如何读懂初中阶段的孩子是家长的必修课。

6. 如何悦纳孩子

家长与孩子发生冲突,很多时候是因为家长不接纳孩子跟自己不一样。一些家长对孩子有过高的期望和要求,导致孩子排斥与家长交流沟通。看起来接纳孩子是一件简单轻松的事情,事实上,很多家长知道却做不到。家长需要调整认知,学习一些方法和技巧,才能保持亲子关系的融洽,真正支持孩子的学习和成长。

7. 如何缓解孩子的压力

孩子的学习压力是无形的。面对升学压力,一些孩子会表现得很消极,甚至想要放弃学习。家长不能给孩子施加不必要的压力,而是要帮助孩子减压,关注孩子的身心健康,避免孩子出现心理疾病。为了更好地帮助孩子,家长需要有一定的知识储备。

8. 如何指导孩子的社交

中学阶段的孩子非常在意同学和朋友的认同。家长要指导孩子学会跟周围的同学交往,保持线上交友的合适距离。家长需要帮助孩子建立良好的社交关系,提高孩子的社交能力,避免孩子走入社交骗局。

9. 自身如何养成良好的习惯

家长是孩子的第一任老师,家长每天的行为和习惯都会影响孩子。家长要意识到自身的职责,做到知行合一,如"合理使用手机,在要求孩子不看手机的时候,自己也能有所约束""早睡早起,经常阅读,不啰唆等"。好的习惯会影响一个人的一生,同时也会影响其子女的一生。家长自身要养成哪些基础习惯是一个值得研究的好课题。

10. 如何引导孩子做好时间管理

初中生的时间比较紧张,家长要引导孩子合理、有效地利用时间。家长要教会孩子制订学习计划,帮助孩子养成管理时间的习惯。做好时间管理后,孩子也会因自己的高效学习而获得成就感。

四、调研后的措施与方案

1. 重视家庭教育的理念宣传

家庭教育理念反映出家长在教育孩子方面的基本观点、态度以及行为标准。家庭教育理念直接影响着家长在家庭教育中的具体做法。"家庭是人生的第一个课堂,家长是孩子的第一任老师。"家庭既是一个人生命开启的地方,也是一个人梦想起航的地方。从学校角度广泛宣传家庭教育理念,可以引导家长重视家庭教育,提升对家庭教育理念的认知。

2. 梳理家庭教育的确切目标

家长大多希望培养有独立人格和全面发展的孩子。家庭、学校、社会要共同承担起教育的责任,促进孩子发展。学校要帮助家长梳理家庭教育的确切目标,引导家长根据目标调整教育方法,减少教育孩子的随机性和盲目性。

3. 培训家庭教育的系统方法

现在时代变了,孩子面临的情况与家长小时候的情况已经截然不同,家长需要系统地学习与时俱进的教育方法,更新教育观念,尽量采用科学专业的教养方式,使用温暖共情的沟通语言,掌握心理和生理卫生方面的知识,以满足孩子的成长需求。

4. 开发家庭教育的系列课程

目前,开展家庭教育服务工作的机构很多,我们希望借助这些机构的力量,更好地开发家庭教育的系列课程。针对调研结果,面向家长开展家庭教育指导工作,解决调研中发现的普遍、刚需、痛点的问题,成为此次家庭教育系列课程开发的目标。

虽然我们在本次调研中发现了很多问题,但我们也欣喜地发现,我校的多位教师在教育孩子方面具有丰富的经验,对家庭教育问题有自己的洞察和方法。针对本次调研中发现的问题,我们与相关教师进行了一对一的访谈,深入挖掘教师的经验。我们收集了丰富且有价值的内容,整理了诸多可供参考借鉴的案例。

总体来说,家长提升家庭教育水平的需求迫切,但教育观念和教育方法有待改进。现在,家长的学历层次和文化水平普遍较高,他们在教育孩子时,善于结合我国的文化传统与现代的教育方法,以求获得最佳的教育效果。积极的教育意愿,并不代表他们已经具备了教育孩子的基本知识和正确方法。面对这种情况,我们认为,较为有效的途径是开发家庭教育的系列课程,提高家长的家庭教育能力,优化孩子成长的家庭环境。

家庭教育是学校教育的基础,家庭教育的质量直接影响学校教育的质量。调研结果表明,品学兼优的学生,其家庭教育与学校教育往往配合默契;而表现较差的学生,其家庭教育与学校教育往往脱节。通过调研家庭教育现状和开发家庭教育指导课程,我校逐渐形成了家庭、学校、社会三位一体的教育体系,能全面支持孩子的健康成长。我们希望把相关经验和成果分享给大家,为更多学校开展家庭教育指导工作提供参考。

目前,教育体制改革正在深入开展,家庭、学校和社会只有联合起来,才能更快、更好地培养优秀人才。

第二章

家庭教育七大共识

第一节　重视平等，建立良好的亲子关系

一、建立家长与孩子之间平等沟通的关系

沟通建立在平等的基础上，而平等的前提是接纳。家长应该尊重孩子的个性和兴趣，不要把自己的期望和梦想强加在孩子身上。家长应该鼓励孩子表达自己的观点和愿望，理解和支持孩子的选择。在家庭生活中，家长需要给孩子一定的话语权，让他们参与日常决策，如家庭旅行目的地的选择等。此外，家长在规划家庭活动时应该考虑孩子的意见，让他们感到自己在家庭中是有发言权的。

二、塑造一种开放、无压力的沟通环境

家长应该允许孩子表达自己的感受和想法，无论是喜悦还是伤心。家长要以平等的态度倾听孩子的诉说，不要总是以教育者的姿态出现。此外，家长应该意识到孩子在某些方面也是自己的老师，学会反向学习，让孩子教自己一些新技能或新知识。这不仅体现了平等，还能增强孩子的自信心。

在设定期望方面，家长应该根据孩子的兴趣和能力设定合理的期望，而不是一味地追求高标准。家长应该尊重孩子的成长节奏，不强行干预他们的发展。家长在分配家务时要确保每个家庭成员（包括孩子）都承担一部分责任。这样做不仅能培养孩子的责任感，还能实现亲子之间的深度连接。

家长应该通过自己的行为为孩子树立榜样,展示尊重、理解和合作的态度。家长应该展示如何平等对待他人,包括对待孩子和自己。家长应该避免采用命令类的教育方式,而是要通过讨论和引导来养育孩子。家长应该允许孩子提出疑问和建议,培养他们的思辨能力。通过实践这些做法,家长在家庭教育中可以与孩子平等沟通,从而培养出健康、自信、有责任感的孩子。这种平等不仅有助于孩子的成长,还能加强家庭成员之间的连接和沟通。

如何选择家庭晚餐

炎阳和喜悦是一对兄妹。一天晚上,家长打算带全家出去吃晚餐,庆祝哥哥炎阳在学校数学竞赛中取得了好成绩。

家长把晚餐地点的决定权交到兄妹俩手里,并给出了几点建议。炎阳喜欢吃意大利面,所以他提议去意大利餐厅。喜悦更喜欢吃寿司,于是她提出去寿司店。家长没有立即做出决定,而是让兄妹俩自己商量。经过一番友好的讨论,炎阳提出了一个折中的方案:先去意大利餐厅吃晚餐,周末再带喜悦去寿司店。喜悦觉得这个方案很公平,于是两人达成了共识。

家长对孩子的讨论和最终的决定表示赞赏,并告诉他们,这样的沟通和协商是解决问题的有效方式。他们希望孩子能够学会尊重彼此的意见,寻找双方都能接受的解决方案。

于是,全家人高高兴兴地去了意大利餐厅,享受了一顿美味的晚餐。在餐桌上,家长再次表扬了炎阳在学校数学竞赛中的表现,并鼓励喜悦努力学习。晚餐结束后,家长还承诺本周日中午带喜悦去寿司店,让她也能享受自己喜欢的食物。

这个案例展示了家庭教育中家长与孩子的平等关系。家长没有单方面做出决定,而是鼓励孩子提出建议并讨论,做出合适的选择。这种做法不仅让孩子感到被尊重和重视,还培养了他们的沟通和社交能力。家长尊重了孩子的意见,执行了与孩子讨论的结果,非常有利于家庭关系的和谐。

第二节　懂得尊重,培养孩子健全的人格

在家庭教育中,家长与孩子的相互尊重如同和谐的乐章,能让每个音符都充满爱与理解。家长不仅要倾听孩子的心声,尊重他们的意见,珍视他们的个性和兴趣,还要避免使用伤害性语言,鼓励他们独立思考,并及时肯定他们的良好行为。这一切都是为了在孩子心中播下尊重的种子,让他们在健康和谐的家庭环境中茁壮成长。

一、倾听孩子的声音:理解他们的需求和感受

倾听孩子的心声,是家长与孩子良好沟通的基础。当孩子表达自己的观点、想法或情感时,家长需要全神贯注地倾听,捕捉有效的信息。在这个过程中,家长要避免心不在焉或打断孩子,要让他们有充分的时间和空间来表达自己。通过倾听,家长能更好地理解孩子的需求和感受。

二、尊重孩子的意见:培养他们的独立思考能力

在家庭教育中,尊重孩子的意见至关重要。即便孩子的意见与家长的观点相左,家长也要给予孩子应有的尊重。家长不要一味地坚持自己的立场,而是要与孩子展开一场思想的碰撞,鼓励他们提出独到的见解和解决方案。这样的互动有助于培养孩子的独立思考能力,让他们学会

在面对问题时,既能尊重他人的意见,又能坚定自己的观点,还能从多个角度思考,不至于固执己见。

三、珍视孩子的个性和兴趣:发掘他们的潜能

每个孩子都是一颗闪亮的星星,拥有自己独特的光芒。家长应该如同天文学家一般,仔细观察孩子,珍视孩子的个性和兴趣,鼓励他们在自己擅长的领域发光发热,而不是将他们与其他星星进行比较。通过珍视和鼓励,家长能帮助孩子发掘自己的潜能,培养孩子的自信心,让孩子在成长的道路上勇往直前。

四、呵护孩子的隐私:保护他们的内心世界

尊重孩子的个人空间和隐私,就如同保护一片神圣的净土。家长不应无故侵犯孩子的私人领域,而应通过开放、真实的沟通,建立起与孩子之间的信任桥梁。这样,孩子在面对困难时会更愿意向家长寻求帮助,与家长共同面对并解决问题。

五、避免使用伤害性语言:营造和谐的家庭氛围

在与孩子交流时,家长应避免使用具有侮辱性、贬低性或攻击性的语言。这些语言如同锋利的刀刃,会伤害到孩子的心灵。家长应该使用积极、鼓励的语言,帮助孩子建立起自信心,让他们勇敢地面对生活的挑战。同时,和谐的家庭氛围也有助于孩子养成健康的心理素质。

六、鼓励孩子独立思考:培养他们的责任感和担当精神

尊重孩子的成长过程,意味着给予他们独立思考和决策的机会。家长应该如同引导者一般,在孩子迷茫时为其指明方向,在孩子跌倒时给予其支持,让孩子在探索中学会面对困难和承担责任。这样的教育方式有助于培养孩子的责任感和担当精神,能为他们的未来发展奠定坚实的

基础。

七、以身作则：树立良好的家庭榜样

家长是孩子最好的老师，家长的行为举止会对孩子产生深远的影响。因此，家长应该通过自己的行为为孩子示范如何尊重他人，包括尊重孩子。家长应该遵守家庭规则，同时也要求孩子遵守家庭规则，共同维护家庭秩序，营造和谐氛围。这样的榜样力量，能帮助孩子树立正确的价值观和道德观。

八、及时反馈与肯定：激发孩子的积极性

当孩子表现出尊重他人或遵守规则的行为时，家长应该及时给予正面反馈。这种及时反馈与肯定如同阳光和雨露，能够滋养孩子的心灵，让他们更加坚定地践行行为准则，同时，能够激发孩子的积极性，促使他们不断进步。

在家庭教育中，家长与孩子的相互尊重是构建和谐亲子关系的关键，更是培养孩子健全人格和优秀品质的基石。让我们携手努力，为孩子营造一种充满爱与尊重的家庭环境，助力他们茁壮成长。

如何确定爱好

晓亮喜欢画画，但家长更希望他能学习音乐。在一次家庭会议上，家长表达了对他的期望，也认真倾听了他对画画的热爱和执着。最终，家长决定尊重晓亮的兴趣，支持他继续学习画画，并在适当的时候引导他了解音乐。

这样的处理方式体现了家长对孩子选择的尊重，为孩子营造了一种自由的成长环境。家长以尊重的态度支持晓亮的选择，不仅能促进晓亮的成长，还能加固亲子之间的情感纽带。

尊重孩子的选择意味着家长要倾听孩子的声音，了解他们的兴趣和想法。每个孩子都是独一无二的，他们的爱好各不相同，从绘画到音乐，从科学探索到体育运动。家长应该耐心倾听孩子的想法，尊重他们的个人喜好，而不是把自己的期望强加给孩子。

在支持孩子选择爱好的过程中，家长可以为孩子提供必要的资源和指导。例如，孩子对绘画感兴趣，家长可以为他们购买画笔、颜料和画纸；孩子喜欢音乐，家长可以为他们报名音乐课程或购买乐器。家长还可以与孩子一起探索新的爱好领域，共同度过愉快的时光。

更重要的是，家长要给予孩子充分的鼓励和支持。当孩子遇到困难或挫折时，家长要给予他们关爱和鼓励，让他们感受到自己的价值和重要性。这种支持不仅能增强孩子的自信心，还能让他们更加热爱自己的爱好。

总之，尊重孩子的选择是家长支持孩子选择爱好的关键。只有以尊重为基础，家长才能与孩子建立良好的关系，共同促进孩子的全面发展。

第三节　坚持信任，给足孩子安全感

在家庭教育中，家长与孩子之间的信任，就像一棵参天大树，能为亲子关系提供坚实的支撑。这棵信任之树需要不断被浇灌和呵护，才能茁壮成长，枝繁叶茂。

一、坦诚沟通

在开放、诚实的沟通环境中，家长与孩子自由地交流想法、分享感受。家长不隐瞒，孩子也不遮掩，彼此的真诚像阳光一样洒满湖面，自在的感觉充满了整个家。

二、给予孩子自主权

在适当的时候，家长要放手让孩子自己做出决策，让孩子像小鸟一样在广阔的天空中自由翱翔。这种信任能让孩子感受到自己的力量和价值，也能让他们更加珍惜与家长的关系。

三、尊重孩子的隐私

家长不要干涉孩子的私人生活，要给予孩子足够的空间去探索自己的内心世界。这片森林是孩子心灵的庇护所，也是他们成长的摇篮。家长要让信任在静谧中自然生长。

四、履行承诺

当家长言出必行，履行对孩子的承诺时，就像春雨滋润大地，能让信任之树更加茁壮。家长的言出必行，会在孩子的心中埋下诚信的种子，等待未来开出绚烂的花朵。

五、鼓励孩子表达情感

家长要善于倾听孩子的喜怒哀乐，用理解和支持为他们筑起情感的桥梁。这座桥梁连接了家长与孩子的心灵，信任让它愈发坚固。

六、积极反馈和鼓励

当孩子做出正确的决策或表现出负责任的行为时，家长的赞美和肯定就像是明灯，能照亮他们前行的道路。这盏明灯不仅能增强孩子的自信心，也能让他们更加坚定地相信家长。

总之，在家庭教育中，家长要通过坦诚沟通、给予自主权、尊重隐私、履行承诺、鼓励表达情感、共同制定规则、积极反馈鼓励等方式,精心浇灌和呵护信任之树。随着时间的推移,这棵信任之树一定会枝繁叶茂,为亲子关系提供坚实的支撑,也让孩子在成长的道路上更加自信和坚定。

我想参加在线阅读俱乐部

梓涵是一名初中生,她非常喜欢阅读,经常利用课余时间阅读各类书籍。家长非常支持她的阅读爱好,不仅为她购买了大量的书籍,还允许她自由安排阅读时间。一天,梓涵向家长提出想要参加在线阅读俱乐部(每月需要支付一定的费用)。家长听取她的想法后,表示信任她,并同意支付这笔费用。这种信任让梓涵感到被尊重和支持,她更加珍惜这个机会,努力提升自己的阅读能力。

梓涵的家长给予她阅读自主权,积极支持她的决定,体现了对她的信任。这种信任关系提升了梓涵的自信心,促进了她的全面发展。

从信任的角度来分析,家长支持梓涵参加在线阅读俱乐部主要基于以下四方面的考虑。

一是相信孩子能够自主做出明智的选择。当孩子向家长表达想参加在线阅读俱乐部的意愿时,家长相信孩子经过了认真的思考,并认为这个俱乐部能够满足其学习和成长的需求。这种信任让孩子感到被尊重和支持,有助于培养孩子的自主性。

二是相信在线阅读俱乐部能够提供有价值的资源和学习环境。在决定支持孩子前,家长对在线阅读俱乐部进行了深入的了解和调查,确保其教学质量、书籍选择、互动方式等都符合自己的期望。家长相信这样的俱乐部能够为孩子提供良好的学习平台,帮助孩子开阔视野、提升阅读能力,促进孩子与其他热爱阅读的孩子共同成长。

三是相信孩子能够在在线阅读俱乐部中收获成长和进步。家长鼓励孩子积极参与俱乐部的各项活动,与导师和其他成员互动交流,分享阅读心得和体会。家长相信这样的经历会对孩子产生积极的影响,不仅能够提升孩子的阅读能力和语言表达能力,还能够培养孩子的团队合作精神和批判性思维能力。

四是相信自己能够给予孩子必要的支持和关心。家长会与孩子保持沟通,了解孩子在俱乐部中的学习情况,鼓励孩子积极参与并表达自己的想法和感受。同时,家长会关注俱乐部的反馈和评价,确保孩子得到良好的教育和服务。

综上所述,从信任的角度来分析,家长支持孩子参加在线阅读俱乐部,是因为家长相信孩子能够自主做出明智的选择,并在俱乐部中获得有价值的资源和学习环境,从而收获成长和进步。

第四节　重视沟通,筑牢亲子心灵桥梁

在家庭教育中,实现亲子良好沟通是一个复杂而又重要的过程。这不仅关乎着孩子的成长和发展,也直接影响着家庭氛围的和谐与亲密。

一、认真倾听:良好沟通的关键

当孩子想与家长交流时,家长需要全神贯注地倾听他们的心声。这意味着家长要放下手中的工作,把注意力完全集中在孩子身上。家长要看着他们的眼睛,认真倾听他们说话,不要急于打断或给出建议。当孩子感受到家长的专注和关心时,他们会更愿意与家长分享自己的想法和感受。家长需要耐心地等待孩子说完,再给予适当的回应或建议。

二、表达清晰：良好沟通的要素

在与孩子交流时，家长应该使用简单明了的语言，避免使用过于复杂或深奥的词汇。这样可以帮助孩子更好地理解我们的意思，并减少沟通中的误解和障碍。家长还可以给出具体的例子或情境，帮助孩子深入理解我们的观点或要求。

三、保持开放：良好沟通的沃土

家长需要尊重孩子的观点和想法，即使家长不同意他们的看法，也要给予他们足够的表达空间。这样可以让孩子感到被尊重和被理解，从而更愿意与家长进行深入的交流。同时，家长需要保持开放的心态，对孩子的想法和建议给予积极的回应和反馈。

四、提问引导：良好沟通的方法

通过提出开放式问题，家长可以引导孩子深入思考并表达自己的观点。这类问题通常没有固定的答案，需要孩子结合自己的经验和感受来回答。例如，"你觉得这个玩具怎么样""你对这件事有什么想法"等问题可以引发孩子的思考，促使他们与家长深入交流。

五、共创语境：良好沟通的氛围

在与孩子交流时，家长应该尽量使用开放式问题，鼓励孩子发表自己的看法和意见。家长要尝试从孩子的角度去理解问题，感受他们的情绪和心理。当孩子遇到困难或挫折时，家长需要给予他们情感上的支持和理解，让他们感受到家长的关爱和支持。同时，家长要学会表达自己的情感，让孩子了解我们的想法和感受，从而建立起更加亲密的亲子关系。

六、合理期待：良好沟通的基础

家长需要让孩子知道哪些行为是可以接受的，哪些行为是不可以接受的，并为其解释原因。这样可以帮助孩子建立起正确的价值观和行为准则。家长要清晰地表达对孩子的期望，让他们了解我们的想法。这些期望应该是具体、可衡量的，并且与孩子的年龄和能力相匹配。

在家庭教育中，实现亲子良好沟通需要家长的不断努力和实践。通过倾听、清晰且具体地表达、保持开放与尊重、提问与引导、情感共鸣与理解、设定界限与期望等方式，我们可以建立起更加亲密和谐的亲子关系，促进孩子的健康成长。

沮丧的浩轩

浩轩放学后回到家，看起来有些沮丧。妈妈注意到这一点，便坐下来与他交谈。

妈妈：浩轩，你看起来不太开心，发生什么事了吗？（倾听与关注）

浩轩：今天在数学课上，我没回答对一个问题，老师让我坐下后，我觉得很尴尬。（孩子表达情感）

妈妈：哦，我明白你的感受。每个人都会有答错问题的时候，这并不意味着你不够好。（情感共鸣与支持）

浩轩点头。

妈妈：也许你课后可以找老师请教一下那个问题，这样，下次你就能更好地回答了。（提供建议与引导）

浩轩：好的，我会试试的。

妈妈通过倾听、表达同理心和提出建议，与浩轩建立了良好的沟通关系。这种沟通方式有助于浩轩处理自己的情绪，并找到解决问题的方法。在与孩子沟通时，倾听、表达同理心和提出建议都是至关重要的环节,它们共同构成了有效沟通的基础,能帮助孩子解决问题。

倾听是沟通的重要一步。当浩轩遇到问题时,妈妈非常耐心地聆听他的叙述,没有打断也没有评价。这让浩轩感到被尊重和理解。通过倾听,妈妈能更准确地把握问题的本质,为后续的沟通奠定了基础。

表达同理心是营造良好沟通氛围的关键。当浩轩感受到妈妈的理解和关心时,他更愿意与妈妈分享自己内心的想法和感受。妈妈也用简单的话语或肢体语言来表达了对孩子的关心和支持,如"我明白你的感受"。

提出建议是帮助孩子解决问题的关键环节。在提出建议时,家长要注意方式和方法。妈妈没有直接告诉浩轩应该怎么做,而是委婉地提出了一个建议,让他自己做决定。

这样,浩轩不仅能从问题中学习到经验,还能增强自信心和解决问题的能力。通过倾听、表达同理心和提出建议,家长可以帮助孩子更好地解决问题。这种沟通方式不仅能增进亲子关系,还能让孩子在成长过程中获益匪浅。

第五节　保持理解,充分换位思考

理解,在这里指的是家长对孩子内心世界、情感状态、行为动机的洞察和把握。当孩子感到被理解和接纳时,他们会更愿意与家长分享自己的所思所感,这种开放和坦诚的交流是建立良好亲子关系的关键。理解也意味着家长要站在孩子的角度思考问题,避免过于主观的判断,从而减少亲子冲突和误解。

一、通过沟通建立良好的理解渠道

在沟通过程中,家长和孩子都应该保持开放、接纳的态度。家长要尝试站在孩子的角度理解他们的想法和行为。同时,家长要在家庭中营造开放的沟通环境,让孩子畅所欲言。只有双方都保持开放的心态,才能够真正实现互相理解。

家庭会议是一种很好的方式,家庭成员可以定期聚在一起,分享彼此的想法和感受。在这段时间里,家长可以询问孩子最近在学校的情况,了解他们的朋友和兴趣爱好,孩子也可以向家长倾诉自己的困惑。通过定期交流,家庭成员可以深入了解彼此的生活状态和需求,从而建立深度的连接。

二、通过积极倾听与清晰表达实现相互理解

当孩子向家长表达自己的想法时,家长要全神贯注地倾听,不要打断孩子的话,也不要急于给出自己的意见或建议。家长要耐心听完孩子的讲述,并尝试理解他们的感受和需求。通过积极倾听,家长可以深入了解孩子的内心世界,从而更好地与他们建立情感联系。

家长在表达自己的想法和期望时,要使用清晰、具体的语言,以免孩子无法理解或产生误解。家长要注意语气和措辞,避免过于严厉或溺爱。家长要用温和而坚定的语气表达自己的想法,让孩子感受到家长的关爱和支持。

三、尊重成长背景和个体差异,实现多维度的理解

家长和孩子成长在不同的时代背景下,有不同的价值观和生活经验,因此,在理解问题时可能存在差异。家长要尊重这些差异,并尝试从孩子的角度去理解问题。

每个孩子都有独特的个性。有些孩子可能比较内向和安静,而有些

孩子可能比较外向和活泼。家长要接纳并尊重孩子的个性,不要把自己的期望和偏好强加给孩子。家长要鼓励孩子发展自己的兴趣和特长,支持他们追求自己的梦想和目标。

四、家庭成员共同参与,营造相互理解的家庭氛围

家长和孩子一起参与家庭活动,如一起做饭、打扫卫生、参与户外活动等,可以增强亲子的互动和联系。在活动中,家长可以教给孩子一些生活技能与知识,同时了解孩子的想法和感受。这种共同参与的方式可以增进亲子的默契和信任。

除了共同参与家庭活动,家长和孩子还可以分享彼此的生活。家长可以告诉孩子自己的工作和生活经历,让孩子了解家长的工作和付出。孩子可以与家长分享学校生活中的趣事和困惑。分享彼此的生活,可以增进亲子的了解和信任。

五、培养家庭成员的共同兴趣,搭建相互理解的交流平台

找到家长和孩子都感兴趣的话题或活动,如一起阅读一本书、看一部电影、听一首歌、参加一项运动等,可以增进亲子的情感。在这些共同的兴趣中,家长和孩子可以互相交流与分享,增进彼此的了解和信任。

家长和孩子可以互相学习。家长可以向孩子学习新技能或新知识,如学习使用社交媒体、了解新的科技产品等。孩子可以从家长那里学习生活经验、社交技巧等。这种互相学习的方式可以促进亲子的交流和互动,也可以增进亲子的尊重和理解。

六、家长展示理解的行为,遵守承诺,筑牢相互理解的根基

家长要通过自己的行为为孩子示范如何理解和尊重他人。比如,当孩子犯错时,家长不要一味地责备或惩罚,而是要理解孩子的想法和动机,引导他们认识到错误并改正。同时,家长要尊重孩子的选择和决定,

不要把自己的意愿强加给孩子。这种理解和尊重的行为可以让孩子感受到家长的关爱和支持，从而更加信任和尊重家长。

家长要言出必行，遵守对孩子的承诺。家长如果因为某些原因无法兑现承诺，要及时向孩子解释并道歉。这种遵守承诺的行为可以树立家长的良好形象，让孩子感受到家长的可靠和诚信。同时，家长要教孩子学会遵守承诺和承担责任。

随着时代的变迁和社会的发展，家庭教育面临着新的挑战和机遇。家长需要不断更新自己的教育观念和方法，以满足孩子成长的需求。家长要关注孩子的心理健康和个性发展，给予他们足够的关爱和支持。在这个过程中，互相理解是不可或缺的一环。家长只有真正了解孩子的内心世界和需求，才能更好地引导他们健康成长。

此外，家长要注重培养孩子的独立思考能力和问题解决能力。家长不应该过分干预孩子的选择和决策，而是应该给予他们适当的指导和建议，让孩子学会自己面对问题和挑战。

游戏的烦恼

景天喜欢打游戏，而父亲对此持保留意见。在一次家庭会议上，景天表达了自己对游戏的热爱，并描述了游戏给他带来的快乐。父亲则表达了对景天沉迷游戏的担忧，希望他能更多地关注学习和户外活动。

通过互相倾听和表达，景天和父亲开始理解彼此的想法和感受。他们决定一起制定一个合理的时间表，既允许景天玩游戏放松自己，又保证他有足够的时间用于学习和户外活动。这种互相理解的做法不仅缓解了父子之间的矛盾，还增进了亲子关系。

景天和父亲通过建立良好的沟通渠道、倾听与表达、尊重彼此的差异、共同制定解决方案等实现了互相理解。这不仅有助于解决当前的问题，还为亲子关系的发展奠定了坚实的基础。

第六节　真诚接纳，付出无条件的爱

在家庭教育的广阔天地里，家长对孩子的接纳如同一缕温暖的阳光，能照亮孩子成长的道路，给予他们无尽的勇气与力量。接纳孩子，意味着尊重他们的个性，理解他们的需求，鼓励他们表达自我，甚至在错误和失败中给予他们坚定的支持。这样的接纳，能够让孩子在家庭的温暖中茁壮成长，形成健全的人格，迈向美好的未来。

一、无条件的爱与支持是接纳的基石

家长的爱不应受孩子表现好坏的影响，而应是一种深沉而持久的情感。这种爱让孩子感受到无论他们身处何种境遇，都有家长作为坚实的后盾。同时，家长应避免将孩子的行为与对他们的爱挂钩，给孩子带来不必要的压力。在充满爱与支持的家庭环境中，孩子能够自信地面对生活的挑战，勇敢地追求自己的梦想。因为只有接纳了，改变才有可能发生。

二、尊重孩子的个性是接纳的重要体现

每个孩子都是独一无二的，他们拥有各自独特的兴趣、才能和性格特点。家长应该尊重并欣赏孩子的个性，而不是试图将他们塑造成自己期望的模样。这种尊重让孩子能够自由地发展自己的潜能，形成独特的个人魅力。同时，家长应该鼓励孩子勇敢地展现自己的个性，不要害怕与众不同，因为这正是他们独特的价值所在。

三、理解孩子的需求是接纳的关键

孩子在不同的成长阶段会有不同的需求,包括情感、社交和学习等方面。家长应该深入了解孩子的需求,并根据这些需求调整自己的家庭教育方式。例如,当孩子需要情感支持时,家长应该给予足够的关爱和陪伴;当孩子需要社交机会时,家长应该积极为他们创设与同龄伙伴交流的环境;当孩子需要学习指导时,家长应该提供适当的帮助和支持。通过满足孩子的需求,家长能够让孩子感受到家庭的温暖,从而建立起健康的亲子关系。

四、鼓励孩子表达自我是接纳的重要一环

孩子有自己的想法和感受,他们渴望被倾听和理解。家长应该创设一种安全的环境,让孩子自由地表达自己的想法和感受。当孩子向家长倾诉时,家长应该耐心倾听,不要轻易打断或评判孩子的表达。通过倾听和理解,家长能够更深入地了解孩子的内心世界。

五、接纳孩子的错误和失败是接纳的重要方面

孩子在成长过程中难免会犯错或遭遇失败,这是他们学习和成长的一部分。当孩子犯错或遭遇失败时,家长应该以理解和支持的态度回应,而不是责备或惩罚。家长应该帮助孩子分析错误的原因,引导他们从失败中吸取教训,鼓励他们勇敢地面对挫折并重新站起来。通过接纳孩子的错误和失败,家长能够让孩子学会如何面对困难和挫折,培养他们的韧性和抗挫能力。

六、与孩子共同成长是接纳的一种体现

家长也在不断地学习和成长。当孩子指出家长的错误或不足时,家长应该以开放的心态接受并改正。这种勇于承认错误和不断改进

的态度,能够让孩子看到家长也在努力进步,从而增强学习动力。家长可以与孩子分享自己的成长经历,让孩子明白每个人都在不断地学习和成长。这种共同成长的经历能够加深亲子情感,促进家庭的和谐与幸福。

七、保持积极的沟通是接纳的必要条件

家长应该定期与孩子进行深入的沟通,了解他们的想法、感受和需求。在沟通过程中,家长应该使用积极的语言和肢体动作,让孩子感受到家长的接纳和理解。同时,家长应该鼓励孩子表达自己的观点和意见,尊重他们的选择和决定。通过积极的沟通,家长能够与孩子建立起良好的关系,为孩子的健康成长提供有力的支持。

家长对孩子的接纳在家庭教育中具有举足轻重的地位。通过无条件的爱与支持、尊重孩子的个性、理解孩子的需求、鼓励孩子表达自我、接纳孩子的错误和失败、与孩子共同成长、保持积极的沟通等方式,家长能够真正做到接纳孩子。这种接纳不仅能够让孩子建立起自尊和自信,形成健全的人格,还能够为他们的未来发展奠定坚实的基础。让我们共同努力,为孩子创设一种充满爱与接纳的家庭环境,让他们在爱的阳光下茁壮成长。

小雅爱画画

小雅是一个热爱画画的孩子,但家长最初对她的这个爱好持保留意见,希望她能把时间花在学习上。当家长意识到自己的态度可能会给小雅造成压力后,他们决定改变做法。

他们开始主动了解小雅对画画的兴趣,为她提供画材和参加艺术课程的机会。他们与小雅进行了深入的沟通,了解她对画画的热爱和期望。在家长的接纳和支持下,小雅的画画技能得到了提高,还在学校的艺术展上获得了奖项。更重要的是,她与家长的关系也因此变得更加亲密。

小雅的家长通过无条件的爱与支持、尊重孩子的个性、理解孩子的需求、鼓励孩子表达自我、接纳孩子的兴趣等方式,真正做到了对孩子的接纳。这不仅促进了小雅的个人发展,也巩固了亲子关系。

第七节　用心支持,激发孩子的内驱力

很多家长会解释说"我是孩子的家长,肯定会用心支持孩子",但当孩子想要自己做出选择时,家长又会有很多的说辞或者会直接说"不行"。家长的出发点是没有错的,但很多方式方法是不可取的。家长要在内心真正形成支持孩子的理念,并把这一理念体现在自己的实际行动中。

在家庭教育的广阔天地中,家长的支持对孩子的成长具有无可替代的重要作用。这种支持不仅仅是一种物质的供给,更是一种情感的滋养和精神的引领。下面提出一些具体的建议,希望能够帮助家长更加精准地理解孩子的需求,让他们在爱与关怀中茁壮成长。

一、家长深入了解孩子的兴趣和目标

每个孩子都是独特的个体,拥有自己独特的喜好和梦想。家长应该耐心倾听孩子的心声,尊重他们的选择,并为他们提供支持和鼓励。例如,如果孩子对音乐有浓厚的兴趣,家长可以为他们购买乐器、报名音乐课程,甚至陪伴他们参加音乐比赛,让他们在音乐的世界里自由翱翔。

二、家长为孩子提供丰富的资源和机会

家长要根据孩子的兴趣和需求,为他们提供必要的书籍、工具、课程

等资源,帮助他们开阔视野和增长见识。家长应该积极寻找适合孩子的活动或竞赛机会,让他们在实践中锻炼能力、积累经验。这些资源和机会将成为孩子成长的阶梯,助力他们攀登更高的山峰。

三、家长鼓励孩子勇于尝试和探索

孩子在成长的道路上难免会遇到困难和挫折。面对这些挑战时,家长需要给予孩子足够的勇气和鼓励,让他们学会坚持和拼搏。即使孩子失败了,家长也要引导他们从失败中汲取教训、总结经验,为未来的成功打下坚实的基础。

四、家长对孩子设定合理的期望目标

家长过高的期望会给孩子带来巨大的压力,甚至影响他们的身心健康。因此,家长应该根据孩子的年龄、能力和兴趣来设定合理的期望目标,让孩子在轻松愉快的氛围中茁壮成长。

五、家长积极庆祝孩子的成绩

当孩子取得进步或获得成绩时,家长需要给予他们及时的赞赏和鼓励,让他们感受到成功的喜悦和家长的认可。这种正面的反馈能激发孩子的自信心和动力,促使他们更加努力地追求更高的目标。

通过深入了解孩子的兴趣和目标、提供丰富的资源和机会、鼓励尝试和探索、设定合理的期望目标、培养自主学习能力、给予情感支持、以身作则等方式,家长可以为孩子创设一种健康、快乐的成长环境。家长需要扮演好引导者和顾问的角色,为孩子提供解决问题的思路。当孩子遇到学习上的困难时,家长可以与他们一起制订学习计划,帮助他们找到有效的学习方法;当孩子面临人际关系的挑战时,家长可以传授他们沟通的技巧和处理矛盾的方法,让他们更好地与他人相处。家长要让孩子学会自己面对问题和挑战,培养他们的独立思考能力和问题解决能力。

李博喜欢科学小实验

李博对科学小实验非常感兴趣,经常在家里研究一些小实验。虽然有时候这些小实验会弄脏家里或者造成一些混乱,但家长总是给予他最大的支持。

家长不仅为李博提供了科学实验所需的材料和工具,还帮助他查找相关的资料和视频。每当李博完成一个有趣的小实验或者解决了一道科学难题时,家长都会与他一起庆祝,鼓励他继续探究科学的奥秘。

家长的支持是孩子成长道路上不可或缺的重要力量。李博的家长通过提供资源和机会、鼓励尝试和探索、情感支持等方式,真正做到了对孩子成长的支持。这不仅激发了李博对科学的热爱和好奇心,还培养了他的自主学习能力和问题解决能力。

值得注意的是,家长的支持不是一蹴而就的,而是需要长期坚持和不断努力。在孩子成长的道路上,家长需要时刻关注他们的需求和变化,并不断调整自己的教育方式和策略,以确保为孩子提供持续、有效的支持。

第三章

家庭教育沟通八堂课

第一节 好汉如何提"当年勇"

陈 宇

扫码观看课程视频

中国有句古话,好汉不提"当年勇",往事如烟,我们不能倚仗自己过去的资本炫耀。为人低调、谦虚是中国人的美德。但在家庭教育中,家长时常会提起自己的"辉煌"往事。事实上,在亲子沟通的过程中,家长如果能利用自己的亲身经历,给正处于青春期的孩子一些参考建议,那是非常有意义的。倘若亲子沟通不畅,孩子不想听家长分享经历,家长该如何表达呢?

一、家长为什么要提"当年勇"

家长不要妄自菲薄,要坚信自己是好汉,更重要的是,要坚信孩子会成为比自己更优秀的好汉。有些家长觉得自己很普通,不是好汉。其实非也,家长都是过来人,孩子正在经历的事,如对前途的迷茫、学业上的压力、友情爱情的波折等,家长往往也经历过。更重要的是,家长如今成了养育者、教育者,面对人生的新课题——教育孩子,正在经历各种酸甜苦辣。拥有这些宝贵人生体验的家长,就是好汉。如果家长还能与青春期的孩子一起分享,与他们产生共鸣,让他们明白"人生很长,有暂时的犹豫和退缩很正常,爸爸妈妈当年都有过,自己不是一个人在战斗",这种"被关注"和"被了解",对孩子来说就是支持和鼓励。同时,家长愿意与孩子交流这些心路历程,也是家长面对焦虑时采取的积极应对之策,这些实际行动不仅能给孩子树立榜样,还能使他们顺利度过青春期。

二、家长该提哪些"当年勇"

　　家长分享自己的经历,这些"当年勇"的"勇"是争强好胜,还是无知者无畏?这里对"勇"是有一些界定的。我们的孩子正处于青春期,很多家长希望通过分享个人经历陪伴孩子度过这一时期。孩子会产生"学习究竟是为了什么"的迷茫,有"努力却收效不大"的挫败感,更有着友情的波折,家长可以针对孩子的特点与他们分享自己在纠结犹豫后,最终做出选择时的勇气,从挫折中走出来时的勇敢,以及度过迷茫时的勇毅。这将是家长和孩子共同成长的精神财富。

三、家长如何提"当年勇"

　　一些家长担心孩子不愿意听自己回忆往事,觉得年代久远,与孩子有代沟。其实,与孩子交流并能让他们愿意听,是有方法和技巧的。这里给大家提供一个工具——STAR 法则(见图 3 - 1),其中,STAR 是 Situation(情境)、Task(任务)、Action(行动)、Result(结果)四个英文单词的首字母缩写。家长要理解孩子目前的困境,针对孩子的困境选择自己当年合适的事例来讲述,这是 S(情境)。家长分享经历时要明确任务,即要与孩子共情,陪伴孩子度过青春期,这是 T(任务)。家长讲述的重点是自己当年为了实现目标而经历的心理过程及采取的具体行动,这是 A(行动)。最后是 R(结果),这个结果不是强调当年的成功,而是强化自己经历过后对整个过程的再认识。

孩子遇到不会做的题

　　孩子晚饭后开始做作业,抓耳挠腮做不出题,往常你会说些什么?你或许会脱口而出:"你上课是怎么听的?我们对你没有过高的要求,你现在条件这么好,还不好好学。当年我们上学条件很不好,都努力学习……"描述到这里,孩子只感受到了你的打压和说教,而不是共情。

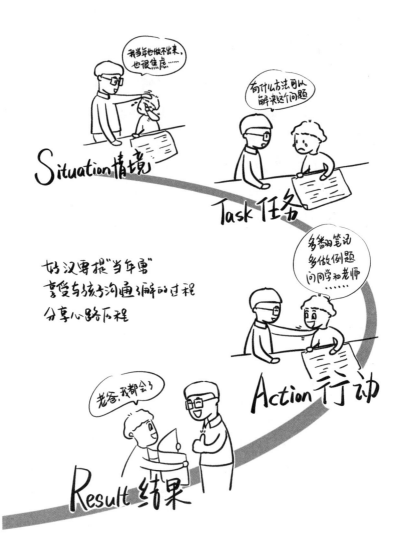

图 3-1　STAR 法则　（简娜　绘）

　　孩子做不出某道题，这对他来说就是困境，只是家长不了解，此时家长说自己当年如何轻松，如何优秀，在孩子眼中就变成了炫耀和打压，自然反感和回避。家长可以尝试这样说："孩子，你是遇到难题了，但不只是你，谁都会遇到做不出来的难题，爸爸（妈妈）当年也有过绞尽脑汁解不出题的情况。"当家长做出这样的反应时，孩子感到被理解和支持，就会向家长倾诉学业上的一些压力。等孩子情绪稳定后，家长可以与孩子一起探讨解决问题的各种方法,比如"我上初三的时候,数学成绩不好,我心里很焦虑,做不出题,也不想做,那时也没有微信,没有网络,我就翻笔记,问家长,一遍一遍地温习例题,对照例题或课堂笔记反复练习。就这样,我解决了不少问题。遇到解决不了的问题,我就先做别的,我心里记挂着,第二天再去问同学和老师。"

　　家长可以尝试实践 STAR 法则。你了解孩子的处境(S)是承受着学业压力;明确任务(T)是不要情绪内耗,要引导孩子去面对和解决问题;行动(A)是分享自己当年的具体做法;结果(R)是对自己当年采取的有效方法的反思。以上四步就是对 STAR 法则的具体运用。当然,分享不仅可以通过语言的方式来实现,也可以通过非语言的方式来实现。家长还可以拍拍孩子的肩、抚摸孩子的头,通过这样简单的动作向孩子传递信息——"孩子,我们理解你,支持你",让孩子感受到温暖,增进亲子感情。

孩子悄悄玩手机怎么办

　　快考试了,与孩子说好暂时不玩电子产品,但孩子又没做到,偷偷在房间玩手机被你发现了,你会怎么办?

　　家长要了解孩子行为背后的心理,明确当下的情境。孩子也想考出好成绩,但又控制不住自己。孩子不是存心不想好好复习和考试,家长没必要上纲上线,否定孩子的本质。不成熟是孩子的特点之一,他们一心向好但又不能付诸实践,这就是这个阶段孩子的正常行为。自律是很不容易的,不自律也是人的本性。家长当年上学时,面对电视、小说、网吧等诱惑,也有许多人难以抵挡。做到自律对每个人来说都是不容易的。家长要了解孩子的处境,明确任务——让孩子来评判自己的行为并再次协商电子产品使用时间。你不妨先问一问孩子的看法,也许他(她)说的未必能做到,但如果他(她)的想法可以,你一定要表示赞同,可以说："我怎么就没想到呢？我儿子（女儿）的确睿智。"你还可以与孩子分享自己用过的方法，让孩子也试一试。如果你不太同意孩子的说法，也不要急于说"这是不对的"或"你怎么能这么想"。你可以说："哦，你是这么理解的，现在我了解了，你也听一听爸爸（妈妈）的想法，我们不同的看法可以使解决问题的方法更多样……"家长需要把重心从追责转移到解决问题的具体做法上来。

孩子最近一直吐槽闺蜜怎么办

女儿最近每天回家都不开心，一直吐槽班里的同学，特别是原来关系还不错的闺蜜。你出于对孩子的关心，急于了解发生了什么事，可孩子显然不想和你多说。

此时，孩子应该是遇到了友情的波折，发现人心有点复杂，她有点伤心。家长要知道这是敏感的青春期女孩必经的一个阶段，她们需要同伴，对朋友有要求，很在意自己在同龄人心目中的形象。家长要帮助孩子养成良好的心态。当孩子不肯多说时，妈妈不必追问，可以先分享自己的经历。妈妈可以尝试以下话语："妈妈当年有很多的玩伴，但大家慢慢就走散了，不是因为发生了特别严重的矛盾冲突，而是因为在不同时期，我们会认识不同的人，结交不同的朋友，朋友是与我们同行的人。只要我们内心坚定、有力，一定能找到志同道合的朋友。每群朋友都是一段岁月的见证者，我们只需要珍惜在一起的时光，好好享受就行了。妈妈也是当年偷偷哭过好多回才慢慢懂得这个道理的。我的女儿这么优秀，一定能调整好心态，幸福成长。"孩子听到这样的分享，会明白不是只有她一人有烦恼，很多女孩子都会有相同的经历和困惑。这样，她就不会陷在自己当下与朋友的一两句对话中，不再纠结与某个同学关系的远近。

通过上述演绎，家长对 STAR 法则有了一定的了解。一些家长很想了解孩子近期的生活学习状态，如果遇到孩子不愿意多说的情况，家长要善于提问,不能逼问。询问通常分为封闭式询问与开放式询问。封闭式询问以"有没有""是不是""对不对"等方式发问,只要求对方用简单的词语来回答。封闭式询问易于回答,节省时间,但信息量小。亲子沟通中过多使用封闭式询问会将谈话变成审问,使孩子感觉到连珠炮式的心理攻击。家长应多使用开放式询问,并采用委婉的语气。家长可用"愿不愿意""能不能""怎么样"等句式。这种征求意见似的询问营造了民主、平等、尊重的氛围,会使孩子感到亲切,愿意向家长敞开心扉。良好的亲子沟通关系不是一蹴而就的,而是长期形成的。①

在亲子沟通中,家长要把原则性与灵活性结合起来。家长要先处理好自己的情绪,再与孩子交流。家长焦虑孩子的未来是在所难免的,但焦虑不能解决孩子的问题。家长的焦虑和青春期孩子的叛逆看起来相关,其实是两个方向。孩子的成长,需要家长采取有效的措施。家长的焦虑,需要家长自己重视并私下处理,家长缓解了自身的焦虑情绪才有能量去处理孩子的具体问题。家长要给孩子树立缓解焦虑情绪的榜样。在亲子沟通中,家长要改变将"青春期"与"逆反"画等号的观念。孩子到了青春期,家长要尽量改变与他们的沟通方式,掌握沟通技巧。良性沟通的前提是认真倾听孩子的心声。家长对孩子的教育要赏识有度,批评得法。同时,家长要不断完善自我,成为孩子的榜样,使亲子沟通事半功倍。新的亲子关系模式从青春期开始,这也是家长成长的重要一环。②

四、家长提"当年勇"的"三要"和"三不要"

最后有个小贴士送给家长,家长提"当年勇"时应注意"三要"和"三不要"。

---

① 陈美芬,金一波.青春期亲子沟通中的共感调适[J].宁波大学学报(教育科学版),2006(2):4.

② 刘玲.青春期亲子沟通之我见[J].家庭生活指南,2019(2):21.

1. "三要"

"三要"是指家长要把期待孩子迅速改变的这种结果期待变为享受与孩子沟通的过程；要把炫耀当年的成就变为分享心路历程；要把权威家长式的监督变为与孩子共同成长的新沟通模式。

2. "三不要"

"三不要"是指家长不要用自己当年的"勇"对比孩子现在的"怂"；不要只告知孩子当年的行为结果，忽略具体行动；不要只单向输出，忽略互动。家长一定要了解孩子怎么想，打算怎么做。

家长可以尝试用这样的方法提及自己的"当年勇"，用宽容、坚持的力量给予孩子自信，帮助孩子度过青春期。愿我们的孩子将来都能成为勇敢、坚定的好汉。

第二节　如何让表扬更有趣，让批评更有用

胡长征

扫码观看课程视频

很多家长遇到过这样的场景：明明想表扬孩子，换来的却是孩子的白眼；批评孩子没有任何效果，甚至多说几句孩子就跟你吵起来了。遇到这样的情况，很多家长会说自己的孩子比较叛逆，然后就放弃了对孩子的教育。这真的是因为孩子叛逆吗？或许，家长需要掌握表扬和批评的技巧。

一、你真的会表扬孩子吗

夸奖的方式①

斯坦福大学著名心理学家卡罗尔·德韦克对纽约 20 所学校的近 400 名五年级学生进行了一项研究实验，其中包括四轮测试。

第一轮测试：

两组学生分别完成一项非常简单的拼图任务，因为简单，两组学生的表现都不错。但在测试结束后，教师会用不同的方式夸奖两组学生。

第一组学生完成任务后听到的是关于"努力"的夸奖，如"你刚才这么努力，表现得很出色"。

第二组学生完成任务后听到的是关于"智商"的夸奖，如"你在拼图上很有天分，你很聪明"。

① 张彦祥.抓住孩子黄金教育的 10 年[M].成都:四川科学技术出版社,2017.

上面两种夸奖方式有什么区别？平常你可能没什么感觉。但放在一起，你就很容易区分出来了。

第一种是关于"努力"的夸奖，如"你刚才这么努力，表现得很出色"。第二种是关于"智商"的夸奖，如"你在拼图上很有天分，你很聪明"。这两种方式会带来什么样的结果呢？这个实验接下来的三轮测试，就是在测试不同表达方式对学生产生的影响。

第二轮测试：

教师提供了两项难度不同的任务，两组学生可以自由选择任务来完成。

结果是：（1）第一轮被夸奖"努力"的孩子中，有90％的人选择了难度较大的任务；（2）第一轮被夸奖"聪明"的孩子中，大部分人选择了简单的任务。

第三轮测试：

两组学生同时完成一项任务，这项任务很难，大部分孩子都失败了。

结果是：（1）第一轮被夸奖"努力"的孩子虽然失败了，但表现得很从容，甚至表示"这正是我喜欢的测试"，并且认为自己失败是因为不够努力；（2）第一轮被夸奖"聪明"的孩子在测试中一直很紧张，抓耳挠腮，做不出题就显得很沮丧。

第四轮测试：

经过第三轮的挫败后，第四轮的题目又跟第一轮一样简单。

结果是：（1）第一轮被夸奖"努力"的孩子的测试分数比第一轮提高了30％左右；（2）第一轮被夸奖"聪明"的孩子的测试分数比第一轮退步了大约20％。

看完这项研究实验，家长或许会紧张，我们平常不经意的一句话，原来会对孩子产生那么深远的影响。这进一步说明了家长在教育孩子时需要精准表达！

二、什么是有效和无效的表扬

什么是有效的表扬？有效的表扬就是夸奖孩子的努力用功。这么做有什么好处呢？夸奖"努力"会给孩子一种可以自己掌控成败的感觉，如果事情的结果取决于自己的努力，那成败就掌握在自己的手中。

什么是无效的表扬？无效的表扬就是夸奖孩子的聪明和天赋，这就相当于在告诉孩子成败不由自己掌控，如果面对失败，他们就会觉得是因为自己不够聪明，只能直接放弃，因为人没有办法给自己增加天赋。而且，他们以后都不会选择有难度的挑战，生怕失败了被人说自己不够聪明。

有效的表扬通常针对的是态度和过程。

无效的表扬通常针对的是结果和成效。

结论是：多鼓励，多描述，少评价。

家长可以借助图 3-2 区分有效和无效的表扬。

图 3-2　区分有效和无效的表扬　（简娜　绘）

三、如何使用表扬公式有效地表扬孩子

令人感动的一杯水

你劳累了一天回到家,刚进门,你五六岁的孩子破天荒地给你端了一杯水,说:"爸爸辛苦了,来喝水。"

我相信各位家长想象一下这个场景,就会很满足。

你喝完水了,孩子还在边上看着你。他在等什么?他是在等你喝完给你续杯的概率高,还是在等你表扬的概率高?我想一定是后者。

这是一个极其生活化的场景。现在请你稍微思考一下该怎么表扬孩子。很多家长会说宝宝真棒、宝宝真乖、宝宝长大了、宝宝真厉害之类的话,再配合一些动作,如抱一下孩子、亲一下孩子。真棒、真乖、真厉害都是评价。你再回忆一下我们的结论:"多鼓励,多描述,少评价。"

如何做到多描述?我想给你一个简单实用的表扬公式,保证你听完就会用。这个表扬公式是行为+感受+评价。

你应该先说孩子的具体行为——宝宝看到爸爸下班回来,主动给爸爸端水;再说自己的感受——爸爸好开心;最后说评价——宝宝真棒。

你的评价一定要针对前面描述的行为,我们可以总结为"对事不对人"原则。这个简单的公式不仅适用于夸奖,也适用于批评。比如,先说孩子的具体行为——刚刚爸爸在跟叔叔聊天,你在边上一直吵,还打了爸爸一下;再说自己的感受——爸爸真的有点生气了;最后说评价——我觉得你今天的表现不太好。[1]

这是一个简单而高效的公式。请你再记一下这个公式:行为+感受+评价。

接下来,我们来测试一下,看看你是否学会了有效地表扬。

---

① 王达峰.即兴表达[M].杭州:浙江大学出版社,2020.

假设我们今天是在现场讲课，我讲完，你觉得还不错，既能听得懂，又能用得上。下课后，我们刚好在一起等电梯。你想夸一下我，你会怎么说？

有家长会说："胡老师，你课讲得真好，真实用。"不同人用的形容词可能会有所不同，但表扬的方式是类似的。

这种表扬是有效的吗？听完这节课，你可能就会明白，家长只说了最后的评价。所以，如果你也这么夸我，我就会很客气地回应你："主要还是大家认真，你们也辛苦啦！"但是，我很快就会把这件事忘了，因为说过这种话的人太多了。

如果你借用一下这个公式，先说行为，再说感受，最后说评价，效果就会很不一样。注意：这个行为不能浮夸，你只需要客观地描述真实发生的事。

第一句说行为：胡老师，刚刚你讲的那句"多鼓励，多描述，少评价"，我听完很有启发，马上给我一位同事发了过去，他也觉得你这句话说得特别到位，他很赞同。

这就是我刚刚的具体行为。你的描述里有时间，有内容，有人物。

第二句说感受：胡老师，听你讲课，我感觉时间过得很快，心情很愉悦。

你一定发现了：即使你说到这就不说了，表扬的效果也达到了。

当然，如果你愿意的话，也可以再加一句评价：胡老师，你课讲得真好。其实，最后的评价，你加不加，真的没有太大的影响了。

你这么夸我，很久以后，我可能都还记得，曾经有一个人，他特别赞同我的某句话。

一个简单的改变可能就会产生四两拨千斤的效果。

生活中需要用行为＋感受＋评价来表扬或者批评的地方太多了。比如，你的孩子期中考试取得了很大的进步，你应该怎么表扬他呢？

有些家长的夸奖就比较浮于表面："儿子，你这次考得不错，进步很大。"

但如果你用前面提到的公式，先说行为，这就代表你在表扬一个人之前，确实了解过这件事，甚至了解过某些具体的行为。比如：儿子，我认真观察了你最近的学习状态，特别是你的单词重默越来越少了，你的努力得到了回报。接下来说感受：老师也跟我说你上课更积极了，看到你的进步，我特别欣慰。最后是评价：我发现你的自控能力越来越强了。

如果你真的用这种方式对儿子提出表扬，你几乎可以预知一个结果，那就是他再一次面对考试时会非常自信，更重要的是，他行为中的优点会被强化并且放大。

所以你看，一种是我们过去的方式，只评价；一种是今天讲的，行为＋感受＋评价，这两种表述方式截然不同。后一种表述方式不仅会让表扬变得更有趣，让对方在未来有意识地去放大这种好行为，还能让批评变得更有用，不会因为批评造成误会，因为你的批评是建立在一个具体行为基础上的。

心理学中有一句话：人性中最深刻的本能就是被欣赏的渴望，而欣赏又不等于泛泛地表扬。但以前，我们做了太多泛泛的表扬。希望大家都能记住"多鼓励，多描述，少评价"。

对于表扬和批评的方法，大家要多实践，多揣摩，因为只有反复学习，才能掌握其核心和精髓，灵活运用今天学习的方法去教育孩子。当然，面对很多家庭的各种问题，只掌握方法是远远不够的。学习的路还很长，会爱才是真爱，真爱需要成长。家长送给孩子最好的礼物，就是让自己变得更好。当我们希望孩子变好时，孩子也迫切地希望我们能变好。当我们自己变好时，孩子才有变好的可能。作为家长，学习是为了遇见更好的自己，学习是为了成就优秀的孩子，学习是为了承担我们的责任，学习是为了照亮我们的家庭。因此，家长要不断学习，不断进步，才能更好地履行自身的职责，与孩子共同成长。

第三节　高效陪伴,快乐成长不缺席

黄　璐

扫码观看课程视频

　　朱永新教授曾讲过,在相当漫长的一个时期内,教育是在家庭中发生的,也就是说,家庭是教育的主体。家庭教育是整个教育链中的基础和关键。2021 年 7 月,"双减"政策出台。不少家长担忧,"双减"政策的出台是否意味着"拼家庭""拼家长"时代的到来。

　　而这些"担忧"的出现,反映出一些家庭的教养方式还存在着严重的路径依赖。"双减"后,家长陪伴孩子的时间越来越多,并会在不同场景之间切换。

　　家长如何有效参与孩子的快乐成长,在减负的前提下为孩子的成长做加法?

　　作为孩子的陪伴者,家长应带领、引导孩子积极有效地参与校外活动。

一、陪伴孩子参与校外活动的重要性

　　校外活动包括校外教育和家庭教育,校外教育是学校教育的有效补充,而家庭教育是这两种教育的中心点。平衡学校教育和校外教育的关系,让孩子乐在其中是家庭教育的重要使命。

　　在校外教育中,学生的天性能得到充分发挥,才能得以体现,能力得以提升。正确利用校外教育会为孩子的成长带来无限的可能。

　　我们具体说一说校外教育带给孩子的益处。

一是能丰富孩子的社会体验。参与校外活动时,孩子有机会发掘自己的兴趣,甚至找到自己的人生目标。例如,若孩子从未尝试过团队运动,他们就难以展现出在棒球或橄榄球方面的天赋。若孩子展现出对戏剧的热爱,社区剧场或许能为他们提供一个展现自我的舞台。若孩子热衷于音乐,加入合唱团或乐队将是一种自然的选择。这些活动不仅能让孩子学习如何与他人共同成长,还能开阔他们的视野,培养他们包容的心态,使他们更好地认识社会、融入社会并为社会做贡献。

二是能培养孩子时间管理和优先级设定的能力。参与校外活动时,孩子可以锻炼自身时间管理和优先级设定的能力。孩子会学着平衡学校学习、家庭作业和校外活动的关系,从而更好地应对学习和生活中的挑战。

三是能让孩子认识到长期承诺的价值。孩子在校外参与运动队、合唱团等长期集体活动时,他们将明白责任的重要性,并意识到他们需要对自己的队友、老师负责。这种经历将帮助他们建立更加坚定的价值观和责任感。

四是能帮助孩子提升自尊心和自信心。如果孩子在学业方面没有特别的兴趣或天赋,参与校外活动可能会帮助他们找到自我价值。有些孩子可能在艺术或运动方面表现出色,而参与这些活动将使他们认识到自己的价值并建立起自信心。这些活动不仅能帮助他们找到自己在社会中的位置,还能提升他们的自尊心和自信心。

五是能帮助孩子建立友谊,掌握团队合作的技巧。孩子整日待在家里很难结交新朋友。当孩子参与校外活动时,他们有机会与其他孩子交流,不受学业压力的影响。这将有助于培养他们的合作精神和团队合作能力,提高他们的社交能力和情商。家长应积极满足孩子的学习和发展需求,为他们创造更多练习和展示的机会。这将使孩子觉得学习是一件令人愉快的事情。参与校外活动还能锻炼孩子的心理素质。

家长在家庭教育中有独特的优势:(1)家长最了解自己的孩子需要

什么和喜欢什么;(2)家长都希望自己的孩子好,有驱动力;(3)家长相较孩子有更多的文化、社会、人生经验,遇到事情时解决方法也更多。

家长可以巧妙地运用这些优势,在校外教育的学习内容选择方面,赋予孩子更大的自主权和选择权。家长可以结合孩子的个性和需求,对学习内容进行细致的整合与调整,确保相关内容既符合孩子的兴趣,又能有效地促进他们的全面发展。家长可以巧妙地融合知识和技能的学习,以培养孩子的创新精神和实践能力为核心目标,鼓励孩子在知识技能、文化娱乐、生活情趣等层面进行广泛而深入的学习。

在知识技能层面,为了更有效地培育孩子,家长需要不断提升自身的内驱力,重视自我学习,持续进步。只有这样,家长才能为孩子提供积极、正面的引导,成为孩子健康成长的坚强后盾。

在文化娱乐层面,兴趣无疑是孩子最好的老师。孩子与家长相处的时间最长,家长也最为了解孩子的喜好和需求,因此,家长可以在孩子感兴趣的领域创造更多的机会,开阔孩子的视野。实践表明,当孩子在做自己喜欢的事情时,家长的陪伴和支持往往会产生事半功倍的效果。

在生活情趣层面,相较孩子,家长具有更为丰富的文化、社会、人生经验。这些经验使他们能够为孩子营造一种优质的环境,其中不仅包括物质层面的环境,还包括精神层面的环境。由成年人构建的人文环境对孩子的成长具有深远的影响。

在成长过程中,孩子很容易受到周围环境的影响。通常,人们更倾向于与那些乐观、豁达、幽默的人相处,因为拥有这些特质的人往往更具有人格魅力。能够有这样的家长陪伴自己成长,孩子无疑是幸运的。

家长应鼓励孩子在实践活动中锻炼和提升自己,以学习更多的知识。这样,孩子不仅能够在实践中成长,还能够更好地融入社会,为未来的生活奠定坚实的基础。

二、家长在校外活动中的角色定位

现实中为什么还存在家长参与孩子成长的动力不足的情况呢？在考试指挥棒下，重结果、重外在的教育评价体系使家长自认为"专业性不足"而让位于学校或机构。与此同时，为吸引顾客，校外机构又结合升学压力不断制造焦虑，为父母探寻、践行适合自己家庭和孩子情况的教养方式带来了极大的外部压力。

两相叠加之下，家长常被机构"带节奏"，认为替孩子安排好密密麻麻的课表才是尽心尽责，对"家庭教育应该在孩子成长中扮演什么角色"这一问题缺少反思。[①]

家庭是人的根基，家庭教育也是生活教育和生命教育，家长要扮演好不同的角色，帮助孩子找到成长的最佳发力点。

在孩子热爱的领域中，家长可以积极地营造文化氛围，通过开阔孩子的视野来丰富他们的知识和生活体验。当孩子沉浸在自己喜欢的事物中时，家长的陪伴显得尤为重要。家长要为孩子营造一种充满人文关怀的成长环境。

在这种环境中，不仅有必要的物质条件，还有精神层面的滋养，如和谐的家庭氛围、亲密的亲子关系等。家长的陪伴和引导在孩子成长过程中具有举足轻重的作用。家长可以通过无私的关爱和言传身教来指导孩子，让孩子内心充满阳光，学会独立自主。同时，家长需要扮演好辅导员的角色，把自身的资源倾斜给孩子，成为孩子与外界之间的"过滤器"和孩子成长道路上的"指南针"。这意味着家长需要充分利用外部资源，发挥家庭教育的独特作用。

家长还需要成为孩子坚实的后盾和亲密的伙伴。作为支持者，家长要给予孩子足够的勇气和鼓励，让他们拥有勇敢迈出每一步的信心。当孩子面临困难或挫折时，家长要成为他们温暖的避风港和坚实的依靠。

---

① 徐海峰.为孩子适度留白，"双减"后家庭教育当回归[N].光明日报，2022 - 03 - 21.

作为共享者,家长要与孩子分享自己的快乐和经验,让孩子感受到家庭的温暖和亲情的力量。

然而,在现实生活中,许多孩子在各种学习压力下喘不过气来,这影响了他们的全面发展。家长需要反思被孩子的课外学习主导的家庭生活组织方式,为孩子留下适当的空白,同时为自己减轻一些压力。家长应该充分利用家庭时间,安排一些有益的活动,如户外锻炼、参观博物馆、与朋友聚会等。这样,履行家长的职责就不再是一种负担,而是一种享受和成长的过程。

在家庭教育中,家长需要扮演多种角色,既是孩子的引导者、辅导者、支持者,也是孩子的共享者。(见图3-3)家长要扮演好这些角色,不断反思和调整自己的教育方式和角色定位,以满足孩子在不同成长阶段的需求。这样的家庭教育不仅有助于孩子的成长,也能促进家长自身的成长和进步。

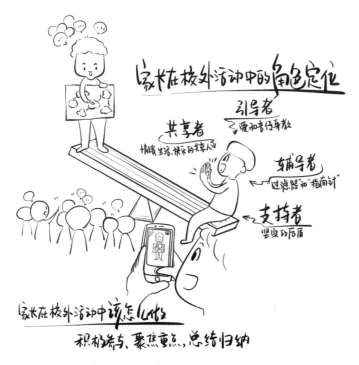

图3-3　家长在校外活动中的角色定位　(简娜　绘)

一是做孩子的引导者。家长通过爱和言传身教,能让孩子内心充盈、学会自主。这正是学校和机构不可取代之处。

二是做孩子的辅导者。家长要把自身的资源倾斜给孩子,当好孩子与外界之间的"过滤器"和孩子成长道路上的"指南针"。家长要理性利用外部资源,发挥家庭教育的优势。

三是做孩子的支持者。家长要让孩子有向前一步的勇气,也有后退一步的底气。

四是做孩子的共享者。家长要和孩子分享自己的快乐,适时示弱,做孩子成长路上情绪、生活、快乐的共享人。

总之,家长要让家庭生活成为滋养彼此的源泉。

三、家长在校外活动中该怎么做

"双减"政策从法律责任的层面规定了中小学生家长实施家庭教育的义务,同时也明确了中小学校在"家校联合""共同育人"方面的权利、义务与责任。

《家庭教育促进法》第二条规定,家庭教育是指父母或者其他监护人为促进未成年人全面健康成长,对其实施的道德品质、身体素质、生活技能、文化修养、行为习惯等方面的培育、引导和影响;第三条规定,家庭教育以立德树人为根本任务。这表明家庭教育与学校教育在育人方面是有一致目标的。

教育部等部门联合发布的《关于健全学校家庭社会协同育人机制的意见》和《关于构建新时代少先队社会化工作体系的实施意见》等文件,引导家长主动参与"15分钟社区少先队幸福圈"建设,促进家庭和睦。街道组织"好爸爸讲师团"开设"老爸小讲堂",居委打造"好妈妈议事会",田林街道组织田林好少年亲子互动活动,让亲子活动玩出了新花样。

我校与田林街道开展了挂职小干部和区镇助理活动,邀请家长作为社区小主人的校外辅导员。我校发展部在学校德育目标的引领下,精心设计了很多校外实践活动。在红领巾"汇"讲团活动中,我们引导孩子寻访红色场馆,讲红色故事,学习革命精神,体验幸福生活的来之不易。在区镇助理活动中,我们引导孩子以小队形式在社区发现问题,讨论问题,开展调研,撰写报告,提升综合能力。在"汇运动""汇劳动""汇阅读"等活动中,我们引导孩子充分参与实践。

我们鼓励家长积极参与活动,协助孩子完成电子小报制作、视频剪辑等。也许家长只是迈出了一小步,却给孩子留下了快乐的回忆。

学校组织活动会有一些要求和技巧,如红色景点寻访类活动,实践前,我们会先了解寻访场馆、景点的背景,再和孩子一起设计寻访路线,培养孩子路线设计、绘画等能力。实践过程中,家长可以成为司机、摄像师或者游客,引导孩子充分探索。实践后,家长的作用很重要,要和孩子一起完成活动任务。家长有没有参与是可以明显看出来的。家长可以引导孩子聚焦一个重点,协助孩子归纳总结。一次家长带领参与的寻访活动会让后面无数次可能只有孩子自己参与的寻访活动有方向、有思路、有主题。这样的有效陪伴能让孩子的记忆更深刻,也能节约大家的时间,有效促进亲子互动。这里也给家长总结三个陪伴孩子参与校外活动的技巧:一是积极参与,把握住每次活动机会,有效陪伴孩子;二是聚焦重点,每次活动中完成的内容不用多,要选择孩子喜欢并需要你帮助的重点环节;三是总结归纳,活动结束和孩子聊聊体会,给予孩子正确的引导。

陪伴是需要时间的。孩子的成长瞬间不可复得,家长又能有多少时间参与孩子的成长呢?请让岁月记录你们相处的痕迹,请成为孩子的陪伴者,不缺席孩子成长的快乐时光。

第四节　用六种方法增强孩子的内驱力

刘　静

扫码观看课程视频

有的孩子进入初中,特别是进入高年级后,会越来越缺乏学习兴趣,并且越来越拖延,容易受社交软件影响。他们总是拖到最后一刻才开始做作业,甚至需要家长不断地催促才能完成作业。他们对学习的兴趣不高,常常感到枯燥无味,不愿意自觉地去学习,特别容易沉迷于各种手机游戏或短视频。

似曾相识的场景

场景一:今天老师布置的作业并不多,可是孩子却拖拖拉拉,从吃完晚饭就开始做,一直做到晚上 11:00 还没有完成。

场景二:放假的时候,孩子常常是躺在床上玩手机,作业拖到放假结束前一天才做。

场景三:孩子一放学回家就要手机。孩子拿到手机后,家长就很难拿回手机。

以上三个场景在家庭生活中经常出现,严重的情况下还会引发家庭矛盾和亲情危机。

家长常常需要询问自己这样几个问题:(1)孩子在完成学校作业或个人项目时,需要我时时提醒或监督吗?(2)孩子在时间安排上需要依赖我的帮助或指导吗?(3)孩子能否独立完成日常生活中的任务,如洗碗、整理房间、打扫卫生？（4）孩子能否自发地寻找新的学习机会和兴趣点，如阅读书籍、参与课外活动？

从对这些问题的回答中可以看出孩子是否已经具有学习的内驱力。

家长往往会感到焦虑：孩子的时间管理能力和学习状态让人担心，他们缺乏学习动力背后的原因令人无法理解。在小学阶段，孩子已经养成了一些好习惯，但随着孩子进入初中，这些好习惯仿佛被磨灭了一样。家长不知道该如何管教孩子，甚至怀疑自己在教育孩子方面出现了问题。随着年龄的增长，一些孩子不是更有学习的内驱力，而是极度缺失学习的内驱力。

每位家长和老师都希望孩子健康快乐地成长，拥有良好的心理和行为习惯，而要实现这个目标，增强孩子的内驱力显得尤为重要。内驱力是一个人内在的驱动力，能够使其自主地做出选择，持续地行动并努力实现自己的目标。

具体来说，内驱力能够帮助孩子在学习、生活和工作中不断精进。内驱力包括自主解决问题的能力、主人翁意识和责任意识等。唤醒孩子的内驱力，能够让他们在成长中更好地理解自己、适应环境、认识世界，从而更好地解决面临的难题和挑战。唤醒孩子的内驱力，能够提高他们的自信心和自尊心，使他们在日常生活中更加独立自主，更加勇敢地探索自己的潜能。

因此，家长在家庭教育中一定要重视培养孩子的内驱力，关注细节，通过倾听、理解、尊重孩子的需求和想法，以及给予适当的支持和引导，帮助孩子形成健康的自我意识和积极的行动力，为他们的成长打下坚实的基础。

在阐述具体措施前，我们先看下这组对比。

一个爱学习、习惯于主动学习的孩子，在遇到困难时，他的大脑启动的是应对机制，他会想各种办法去解决问题。一个在学习上消极被动的孩子，在遇到困难时，他的大脑启动的是逃避机制，他常常用"我就是不行""我做不到"等来自我设限。

要想转变孩子对学习的态度,增强孩子的内驱力,培养出主动学习的孩子,家长不妨试一试以下六种方法(见图3-4)。

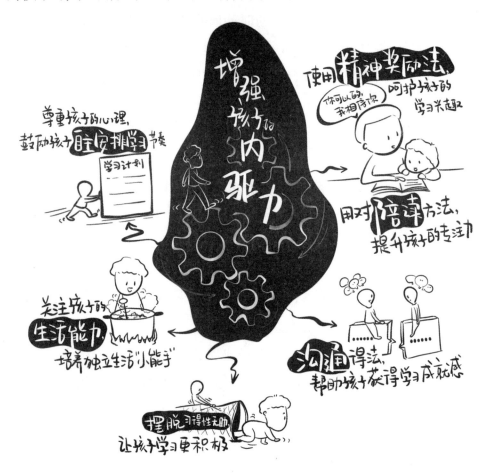

图3-4 增强孩子内驱力的六种方法 (简娜 绘)

一、尊重孩子的心理,鼓励孩子自主安排学习节奏

家长往往有一个心理误区,即青少年是缺乏自律的,需要家长督促和安排。家长不敢放手的结果是把孩子训练成了听话的"羔羊"。这样的孩子是极度缺乏自主性的。家长长期不敢放手更是会磨灭孩子的学习内驱力。有的家长习惯于控制孩子,让孩子全部服从自己的安排。孩

子在失去自主性的同时，也丧失了内驱力。他们依赖家长，不能独立，不会选择，不敢决断。家长要意识到：家庭教育是一种告别的艺术。在孩子成长的过程中，家长要逐渐从孩子的生活中退出，最终实现让孩子独立应对生活困难的目标。

心理学家观察了两种孩子：一种孩子每天放学后的第一件事就是在家长的催促下写作业，几乎没有休息的时间；另一种孩子每天放学后可以自主玩耍一段时间后再写作业。本以为后者可能玩累了，没法儿学习了，没想到他们的学习效率明显高于前者。

理由很简单，让大脑累了一天的孩子继续"加班加点"写作业，他们的效率自然不会高。在不敢违逆家长命令的情况下，他们会采用消极怠工的方式来拖延完成学习任务。而当家长尊重孩子的心理，给孩子自由支配的时间，让他们的大脑可以切换到放松的状态，去做自己喜欢的事时，孩子得到了真正的休息。后一种情况下，学习任务不再是孩子的负担，家长在潜移默化中提高了孩子的责任意识，他们的效率自然提高了。

二、使用精神奖励法，呵护孩子的学习兴趣

家长与孩子交流时，要少用责备批评的话语，多用"试一试""没关系"等鼓励的言语。

心理学家曾做过一项实验。第一次，他让所有参与实验的学生都做一些有难度的智力题。孩子的积极性没有太大的差异。第二次，他把学生分成两组，其中一组学生每完成一道题就能得到一美元的报酬，另一组学生没有报酬，只有口头鼓励表扬。心理学家吃惊地发现：得到物质奖励的那组学生一开始很努力，但很快就没有了兴趣；而没有得到物质奖励只有精神鼓励的学生，反而一直兴趣浓厚。

这个实验告诉我们：学习本身是能给孩子带来成就感和兴趣的，若我们再给孩子施加一层物质奖励，从长期看只会适得其反。

（1）轻易拿物质奖励去哄着孩子学习，会导致孩子把关注点放在物

质奖励上,把获得物质奖励作为目标,一旦家长不能满足物质奖励,孩子就丧失了学习动力。因此建议家长用言语激励和精神奖励,同时注意激励的话语要及时,且对应过程中的细节。

（2）尽早找到孩子感兴趣的东西。家长要捕捉孩子的兴趣点,然后支持孩子,让孩子体会到学习的快乐。家长要尊重孩子的兴趣,鼓励孩子,肯定孩子,挖掘孩子的潜能。

（3）多暗示学习的乐趣,少强调学习的痛苦。大多数家长会在孩子学习过程中强调"如果考不上好高中,就考不上好大学;如果考不上好大学,就找不到好工作""学习就是痛苦的""吃得苦中苦,方为人上人"。家长的本意是激励孩子奋发进取,却往往影响了孩子的学习行动,使孩子提早"躺平"。家长在日常生活中要多暗示学习的收获和快乐,展示孩子的点滴学习成果,正向引导孩子。

三、用对陪读方法,提升孩子的专注力

教育家奈德在《自驱型成长:实践篇》一书中分享过一个测试。第一次,他给学生留了一些练习题,安静地陪在学生身边,看他们做题。第二次,他给同样一批学生留了同样的练习题,但营造了紧张而焦躁的氛围。实验结果显示,学生第一次的测试成绩优于第二次的测试成绩。因为第一次测试时,他给了学生一种平和而有力量的感觉。学生内心安定,不担心随时会被批评,就把更多的精力投入思考。当周围环境紧张时,学生就很难集中精力,状态也会变差。有的家长看不得孩子出错,在孩子写作业的过程中时时纠错,看似认真负责,实则扼杀了孩子独立思考的能力。这个测试给家长的启示有两点。

一是尽量给孩子营造具有安全感的学习氛围,减少孩子的紧迫感。如果家长坐在旁边,只会让孩子更紧张,那家长还不如不陪孩子。家长看着糟心,孩子学得揪心。家长应该做的是在孩子身边做自己的事情,孩子若有需要,再为其提供帮助。

二是避免给孩子营造绝对安静的学习氛围。一些家长把孩子的学习作为头等大事,在孩子学习时,其他家庭成员不能发出声音。这会给孩子造成一定的心理压力,不利于孩子在放松的状态中学习。越是放松自然的学习氛围,越有利于激发孩子的学习内驱力。

四、沟通得法,帮助孩子获得学习成就感

1. 少批评

过多的批评和指责,只会破坏亲子关系。而亲子关系一旦疏远了,家长根本无法帮到孩子,因为孩子很难喜欢总爱批评人的家长。

2. 避免空洞的表扬

"你真棒""你真厉害""你真聪明"这类泛泛的表扬很容易造成孩子的依赖心理。孩子每件事都需要被认可,才敢去做。有时,孩子甚至会因为过于在乎外界的评价,而直接放弃尝试。

推荐家长使用两种方法。

一是多关注孩子的进步,并给予孩子具体的鼓励。品质层面的赞美,会让孩子更有成就感,同时获得价值感。孩子内在的力量强大了,体现在行动上,就会更有执行力。比如,考试结束,分析考卷时,家长不要说"这么简单的题,你怎么都能做错",而是可以说"你这次的字写得比以前整齐""你做错的这几道题目确实有难度,我们一起来看一看"。又比如,看到孩子写作业有点拖延,家长不要说"你怎么这么磨叽,我看你就是故意不好好写"。这只会让孩子更加抵触学习。家长可以说:"我看到,虽然你有些烦躁,但你还是管住了自己。你已经完成一项作业了,可以的,继续加油。"

二是当孩子态度积极、表现令人欣慰时,真诚地跟孩子说"谢谢"。家长可以说:"你不用妈妈花时间催促、提醒,就自觉做完作业了。你让妈妈有更多时间做其他事,感谢你让妈妈这么省心。"家长不要把自己的

孩子跟他人作比较,而是要看到孩子的点滴进步,对孩子心怀感激,这能帮助孩子获得成就感,提高孩子的主动性。

五、摆脱习得性无助,让孩子学习更积极

心理学家塞利格曼做过一项实验:把狗狗关进笼子里,只要铃声一响就给狗狗电击。一开始,狗狗还会挣扎、逃跑,后来,它们发现自己逃不出去,再面临电击时,它们就趴在地上,消极等待痛苦的到来。我们的一些孩子或许也陷入了类似的习得性无助。他们把写作业当成痛苦,被迫忍受,等待"电击"过去。

要改变这样的局面,家长必须帮孩子找到学习的掌控感和胜任感。家长要让孩子成为自己学习的主人。

建议如下:(1)多问孩子"你想要什么",少对孩子说"我认为你应该这样选/那样做";(2)少对孩子说"如果……我就……",比如,"如果你好好写作业,我就允许你看电视""如果你这次考好了,我们就去旅行""如果你不认真,我就生气了",更能提高孩子掌控感和胜任感的表达是"如果……你就……",比如,"如果你掌握了这些知识,下次你就能明白科技馆里那个转盘的原理";(3)日常生活中的小事,尽量让孩子做主,如发型、食物、休息时间,家长还可以邀请孩子一起制订出行计划,允许孩子自己支配零花钱等。家长要把"要孩子做"转化为"孩子自己想要做"。参与感带动责任感,孩子的主人翁意识增强了,学习动力也会相应增强。

六、关注孩子的生活能力,培养独立生活"小能手"

很多家长会跟孩子说:"你只管读书,其他都不用管。"这不是为孩子好,反而是在减弱孩子独立自主的能力。因为家长的大包大揽只能教会孩子:没有家长无微不至的照顾,自己是无法把事情做好的,也包括学习。这不仅不利于孩子学习,还会贬损孩子的尊严和自信心。

如果家长只关注孩子的学习,平日聊天也只聊学习成绩,那么,孩子

的兴趣爱好、人际交往、身体发育上的困惑等都会被刻意忽略掉。这样的孩子很难融入校园生活和集体生活。他日走上社会,他们也很容易在人际关系方面遇到困难,显得孤僻,不合群。

要避免这个局面,解决的办法是:家长要给孩子空间,允许孩子有自己的喜好,允许孩子发呆,偶尔贪玩……总之,家长要允许孩子成长为一个更加完整的人。一个热爱生活的孩子才能以更加积极的态度爱上学习。

总结一下,一个对学习消极、倦怠的孩子是在这样的家庭环境中培养出来的:(1)家长比孩子还焦虑他的学业成绩;(2)家长只关注孩子的学习,其他都可以让路;(3)家长替孩子规划好了一切,自以为孩子听自己的,就一定有好未来。

而要想培养一个积极主动、有内驱力的孩子,家长能够做的是:(1)保持良好的亲子关系,这样,孩子才愿意听取你的意见;(2)在孩子的学习方面保持淡定;(3)允许孩子做主,让他们学着为自己负责。

有句话说得好:鸡蛋由外破壳,是创伤;由内破壳,是生命。学习这件事,也同理!当家长的鼓励和支持够了,到了时间,孩子自然能由内破壳,这才是属于孩子的生命力和内驱力。培养孩子的内驱力,是一个长期工程,慢慢来,从改变我们的家庭教育方式开始。

第五节 四步学会悦纳孩子

钱 亮

扫码观看课程视频

一、什么是悦纳

互联网上曾有这样一则故事,说有一位老艺术家,艺术造诣非常高,但是对女儿特别苛刻,后来女儿去了国外深造,这位艺术家妈妈去国外看望时,不知道因为什么原因又开始指责起女儿,当时女儿心中压抑的情绪就爆发了。女儿生前的最后一句话是"我是不是永远没有办法让你满意",妈妈回答"你是不是觉得自己做得很好",女儿当场便跳了楼,后来抢救无效死亡。

为什么会发生这样的悲剧?原因很多,我只说其中的一点:这位艺术家妈妈从来没有悦纳自己的孩子。女儿觉得自己无论怎么努力,怎么有成就,妈妈都无法满意,既然自己活着永远无法令妈妈满意,那么便死吧。这里要介绍一个大家可能不太熟悉的概念——"悦纳"。

"悦纳"出自人本主义心理学家罗杰斯的理论体系,"悦"是一种积极向上、乐观开朗的心态;"纳"是指能够正确认识并接受自己或他人。顾名思义,"悦纳"就是高兴、愉悦地接受、接纳真实的人或物。悦纳孩子就是家长高兴、愉悦地接受、接纳自己的孩子;我觉得反过来理解更棒,家长因接受、接纳自己的孩子而高兴、愉悦,甚至(最好)是骄傲。

悦纳孩子包括三方面:(1)无条件地接受孩子的全部,无论是优点还是缺点,无论是成功还是失败;(2)无条件地接受孩子的改变,无论孩子变还是不变,无论孩子变好还是变坏;(3)喜欢孩子,肯定孩子的价值,有愉悦感和满足感。家长因为接纳孩子而满足和快乐。只有真正做到如此,家长才能真正悦纳孩子。

二、为什么要悦纳孩子

悦纳孩子的益处是不言而喻的。

1. 让亲子关系更加和谐

有的家庭父慈子孝,有的家庭鸡飞狗跳;有的家庭孩子与家长有讲不完的话,有的家庭孩子一进家门就把自己关进房间,几个月不和家长说一个字。现在年轻一代的家长虽然都说不指望养儿防老、养儿报恩,但也不愿意落个"北大学子 12 年不回家,写万字长文控诉家长"之类的结局。悦纳孩子能让亲子关系和谐,家长和孩子都心情愉快,家庭幸福。

2. 让孩子更加自信和优秀

我观察了一届又一届的学生后发现,家长悦纳、欣赏、信任孩子,这些孩子就自信阳光,脸上常带笑容,班级里朋友多,离开校园也是走到哪里都很受欢迎,能很好地融入社会;家长不悦纳孩子,总觉得自己的孩子哪里都不好,远不如自己当年,对孩子总是指责批评,这些孩子就不自信,容易自卑,或者是自卑与自傲的矛盾混合体,常常愁眉苦脸,爱皱眉头,遇上小事容易情绪低落,发脾气甚至自残自伤。

家长常常会有一种"不够"的感觉:孩子学习成绩不够好,不够勤奋,不够专心,不够努力,不够踏实……总之,自己的孩子还不够好。殊不知,在家长长期否定、要求、控制中长大的孩子,会缺乏安全感、自主感和自信心。如果家长能悦纳孩子,满怀喜悦地欣赏孩子,在孩子的一言一行、一颦一笑中发现可爱与意趣,坦然接受孩子的短处,肯定孩子的努力与付出,让孩子把"我不错,我可以"的种子扎实地埋进心里,孩子就会发挥自身潜能,做最好的自己。请相信:孩子有自我成长的内在力量。孩子得到肯定后就会慢慢地自信起来,会越来越优秀。

三、悦纳的三个误区

1. 只接纳孩子的长处,不接纳孩子的短处

大家想一想,人总归有优缺点,有长处短板,有惰性,有想偷懒或者情绪暴躁的时候。家长要尝试无条件地去接纳孩子真实的一面。在这个世界上,如果家长都不接纳完整、真实的孩子,还指望谁去接纳他们?家长都不接纳孩子,孩子会接纳、喜欢自己吗?不成熟的家长往往很难接纳孩子的负面情绪,从而导致孩子无法学会合理表达负面情绪。这些负面情绪长期累积在身体中而得不到宣泄,可能会伤害孩子的身心。如果家长只接纳孩子好的方面,对孩子不好的方面难以接受的话,不仅会对自己造成伤害,大概率也会影响孩子的心理、人格、情感发展。

2. 把悦纳等同于溺爱、纵容

家长用纵容、溺爱养出来的孩子是什么样子的?纵容是指家长允许孩子不尊重他人(包括家人);孩子做出伤害他人身体或利益的事,家长却没有严厉地批评教育和惩罚孩子,没让孩子承担后果。溺爱孩子是指家长一味付出,包办一切,让孩子失去了独立自主生活的能力。而悦纳绝对不是无条件、无原则地溺爱,不是放任事情的发生,也不是无条件地满足孩子。悦纳是了解并接受自己孩子的弱点,在适当的时候帮助孩子改进,教会孩子扬长避短。

3. 认为悦纳孩子就是悦纳孩子的所有行为

接纳孩子时,家长要把孩子与孩子的行为区分开来。家长要经常对孩子表达自己对他们的爱。当孩子做得不够好时,家长依然要告诉孩子自己是爱他们的,只是不喜欢他们的某种行为。家长切记不要口无遮

拦,口不择言。

　　家长管教时要做到对事不对人,管教之后要重申无条件的爱与接纳。不少家长管教孩子时会说"再不听话,我就不爱你了。你要按我说的做,我才爱你",这些将接纳与孩子的表现挂钩的话语非常不妥。更有杀伤力的是,家长在管教之后把孩子晾在一边,冷言冷语,讽刺挖苦孩子,故意装出不再爱他们的样子。然而,一些孩子会当真,记在心里,他们会觉得家长现在不爱自己,那就永远都不可能再爱自己了。这种想法对大人来说可能是可笑的,但对孩子来说却是锥心刺骨般真实的,所以,家长一定要在管教之后跟孩子讲清楚:"爸爸妈妈不喜欢你的坏行为(讲得越具体越好),但永远喜欢你,你是我们的孩子,我们永远爱你。"

　　我们是接纳孩子的本身,接纳孩子真实的状态和需求。当孩子感受到这一点的时候,他们便知道:自己成绩不理想,自己身上有很多缺点和不足,但是家长依然爱着他们。

四、四步助力悦纳孩子

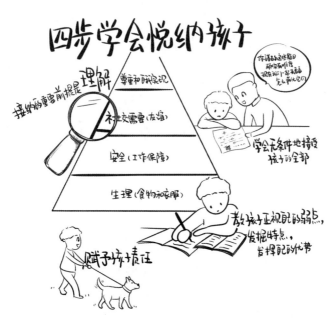

图 3-5　四步学会悦纳孩子　(简娜　绘)

家长要学会正确接纳孩子,那家长如何接纳孩子呢?接下来教您四步悦纳孩子(见图3-5)。

1. 学会无条件地接受孩子的全部

不要比较,金无足赤,人无完人。这个世界上没有两片完全相同的叶子,也没有一个完美的孩子。通过接受教育,自我提升几十年的家长,尚且还有很多方面需要提高,何况是涉世不深正在学习和发展中的孩子。家长要认识到,每个孩子都是不一样的,没有必要去比较。无论是与同学,还是与兄弟姐妹,都不适合比较。换位思考一下,如果孩子拿我们跟他同学的家长比,不断地追问"为什么我同学能住别墅,坐豪车,我们只能住普通房子""为什么我同学家长能带他出国旅游,我们只能去附近的城市转转",作为家长,你会是什么心情,又该如何作答。

在世界著名心理学家霍华德·加德纳看来,每个孩子都有自己的优势,每个孩子都处于不断发展之中。家长要做的是为孩子提供帮助,让他们尽可能地发挥潜能,成为更好的自己。家长要让孩子认识到"人们眼中的他与真实的他并不一样"。家长要引导孩子认识真正的自己是什么样的,而不是一味地在意他人的评价。

家长不要拿孩子的短处去和人家的长处比,不要拿自己的优点去和孩子的缺点比。如果家长实在要比,那么请拿孩子的现在与过去比,肯定他们的努力与付出;拿孩子的理想与他们的现状比,让孩子明确前行的方向,获得奋斗的动力。

2. 接纳的重要前提是理解

家长要先接纳与安抚孩子的情绪,再解决问题。

接纳的重要前提是理解。因为理解,家长能接受已经发生的事情或客观存在的事实;因为理解,家长能觉察到孩子情绪背后没有被满足的期待和需求;因为理解,家长愿意去帮助和陪伴孩子从难过、生气、焦虑等负面情绪中走出来。接纳就是给孩子提供稳固、安全、有爱的"容器"，安然地存放孩子所有好与不好的情绪、行为，始终如一地爱着他们，让他们发展出相信自己、勇敢面对挫折、从容面对复杂世界的力量。①

看到孩子，是指看到其情绪背后的需求。

家长放下了自己，就会看见孩子。每个成人都是从孩童阶段成长起来的，所以，家长理解孩子要比孩子理解家长容易和准确得多。

如何去理解？家长要学会换位思考，用孩子的逻辑去思考。

事实上，情绪本身是没有好坏之分的，所谓"负面情绪"就是当人们内心的需求得不到满足时，心理和身体所体验到的不舒服的感觉。所以，家长理解孩子的情绪，最重要的是要看到孩子情绪背后未被满足的需求。例如，对只能依赖家长的孩子来说，如果他们想要某样东西而被拒绝，其实是一种很大的挫折。或许，他们会觉得是"失去"了心爱的东西；或许，他们会觉得爸爸妈妈不爱他们了。

我们可以理解得不准确，但只要我们愿意去靠近孩子，去尝试理解他们，孩子就会感受到家长这份爱与接纳。

马斯洛的需求层次结构理论认为，人类的需求可以分为五个层级。从需求层次结构的底部向上，需求依次为：生理、安全、社交需要、尊重和自我实现。这种五阶段模式可分为缺陷需求和增长需求。前四个层级通常称为缺陷需求，而第五个层级称为增长需求。马斯洛指出，人们需要动力实现某些需求，有些需求优先于其他需求。②

家长管教前要与孩子共情，听懂孩子的画外音，探索孩子的内心需求，要让孩子深深感到被家长接纳。家长只要认真听孩子所说出的话语和他们没说出来的需求就行了。只要做到这两点，无论家长的管教责备如何严厉，孩子都知道家长在乎他们，理解他们，是为他们好。

① 尚阳.别和叛逆期的孩子较劲——亲子无障碍沟通50招[M].武汉:长江文艺出版社,2023.
② 亚伯拉罕·马斯洛.马斯洛需求层次理论[M].北京:中国青年出版社,2022.

当孩子还小,处于婴幼儿阶段的时候,他们的大脑还没发育完全,是无法进行逻辑思考和自我管理的,家长要做的是让孩子有安全感和信赖感,通过拥抱、抚摸这些方式去安抚孩子的情绪。

而当孩子稍大一些,可以慢慢开始学习管理自己的情绪时,家长一方面要以身作则,能够觉察和掌控自己的情绪,为孩子树立榜样,对孩子的情绪保持积极的态度;另一方面要理解孩子处理情绪是需要时间的。

当一个人处在强烈的情绪中时,他的大脑是无法进行理智思考的,所以这个时候不要急着给他讲道理。

等到孩子平静下来后,家长再去帮助孩子认识自己的情绪,让孩子学着用语言把情绪表达出来。家长要引导孩子调整认知,换一个角度去看待问题,找到解决问题的方式。

家长要在理解孩子的基础上接受、认可、重视、接纳真实的他们。家长要把接纳孩子和接纳孩子的行为区分开来,做理性的家长。孩子指责我,我能看到孩子的委屈;孩子讨好我,我能明白孩子缺乏认可;孩子对我冷漠,我能认识到孩子是缺乏安全感;孩子顶撞我,我知道孩子渴望被肯定。孩子如果撒谎,我能理解他们的内心恐惧不安;孩子做事拖拉磨蹭,我能懂得他们有挫败感。

3. 教孩子正视自己的弱点,发掘特点,发挥自己的优势

每个孩子都不同,从外表看,有的皮肤黑,有的个子矮;从性格看,有的脾气暴躁,有的内向胆小,有的活泼好动,有的多愁善感……这些外在和内在的特点都需要家长引导孩子去面对而非逃避。

抱怨孩子总是慢吞吞的家长,反过来想,动作慢可能意味着他们深思熟虑,做事认真,将来不会因为毛手毛脚出现大的过失;而做事情没有常性的孩子,很可能容易接受新事物,有强烈的好奇心;嫌孩子太内向的家长,可能忽视了孩子有不受他人打扰的丰富的内心世界,不会轻易被外界所影响;孩子固执不听话,可能意味着他们有坚强和不屈不挠的意

志,认定一件事便会坚持下去。老实的孩子可能善良,爱动武的孩子可能勇敢,活泼好动的孩子有更多的表现机会。家长将目光凝聚到孩子的负面特点上,就会忽视了更重要的积极的部分。把每一个"缺点"放到最合适它的地方,家长就会发现它独一无二的价值。

家长一定要相信:每个孩子都是星星,如果他还没有绽放璀璨光芒,那是因为他还没有找到属于他的轨道。每个孩子都有只属于他自己的特点,特点用在最适合他的地方就变成了快乐,反过来就有可能是一生的痛苦。家长不要把时间花在哀叹孩子的短处上,而是要接受孩子天生具有的个性或者特质,尽早找出最适合孩子的发展方式。家长可以让爱攻击的孩子学习拳击和柔道,让爱表达的孩子学习表演,让沉默不语的孩子多阅读或者动手制作,让喜欢画画的孩子进行艺术创作,让爱幻想的孩子拥抱科学。

《世界新闻报》上有一篇文章《水壶上的裂缝》,讲了这样一个故事。日本有个著名的动漫配音演员叫金田朋子,她有一段传奇的经历。她从小学开始声音就一直没有变,总是又细又高,不管是多么庄严的场合,只要她一发言,大家都忍不住哄堂大笑。金田朋子成人以后身高只有150厘米,体重76斤,找工作时递过多份简历都没有人录用她,因为面试的时候她过于尖细的声音总被面试官当成是故意捣乱。后来即使找到了工作,她那独特的声音也让客户抱怨连连。上司不允许她接电话,她在收银台工作时被误认为是机器在说话,到处受挫让她不得不频频更换工作。后来,她在姐姐的建议下去了培养配音演员的学校学习,毕业后逐渐开始担当重要的配音角色。

4. 赋予孩子责任,并相信孩子能负起责任

赋予孩子特定的任务或责任,预期孩子能负起责任且完成任务,就是在对孩子表达:我看重你,相信你有能力完成任务。成人可以衡量孩子的能力,让孩子在家中或学校里帮忙,事后向孩子表达感谢。孩子有

了贡献的机会,不仅能发挥能力,还能增强信心。

悦纳进取由中南大学邓云龙教授及其学生提出,是指个体积极接纳自我、外界和自身经历,有积极向上的目标、行动并投入的处事方式。

懂得悦纳自己,是精神上的慰藉、行动上的鼓励、思想上的动力。要知道,人这一生能依靠的人不多,每个人都是独一无二的,只有这样鼓舞和接受自己,人才能有勇气和力量面对生活中的各种事情,才会不卑不亢,从容应对。

家长要适当降低对孩子的学习和生活要求,客观地看待孩子行为上的对错,肯定孩子的努力与付出,让孩子眼中有光,心中有爱。

我觉得,能教会孩子跟自己的负面情绪和弱点好好相处的家长本身就是处理自己情绪的大师。这些家长培养的孩子能够接纳自我,拥有良好的自我形象,长大后能够接纳他人,热爱生命,把笑容与快乐带给身边的每个人。一些家长总是抱怨自家孩子如何不听话,却很少检讨自己的不作为。作为成人,我们是否接纳了不完美但真实的自己呢?

家长不能全面接纳真实的自己,那就永远无法接纳孩子。接纳孩子和接纳自己是紧密相连的。家长要接纳自己作为一个人的局限性。大多数家长自从有了孩子,就进行了优先级的排序,把孩子放在了最前面。家长只有接受了自己真实的样子和需求,接受了自己的局限性,才能接受孩子真实的样子和需求,才不会将自己的需求投射到孩子的身上,逼着孩子去实现自己未能实现的东西。

家长要接纳孩子,首先要接纳自己。悦纳自我就是要无条件地接受自己的一切,无论是好的还是坏的,有价值的还是没有价值的,成功的还是失败的,凡是自身现实的一切都应该积极接受。

家长要关注孩子做事的过程,关注孩子的努力与进展,不要只看重成绩、名次等结果。有些孩子尽力学习仍做不好,家长若能看到他们的努力和进步,孩子便能愈挫愈勇。

家长过度强调结果、重视成功会向孩子传递出这样的价值观:只有成功的人才有价值。这种价值观可能会使孩子害怕失败,事事裹足不前,丧失冒险尝试的勇气。不论结果是成功还是失败,家长都要接纳并肯定孩子的努力,让孩子知道努力是有价值的。

　　当孩子遇到挫折时,家长要试着保持幽默、轻松以对,不把失败视为一场无法收拾的可怕灾难。家长要为孩子示范如何面对不完美的结局,以及如何接纳自己的失误。另外,家长若能协助孩子去寻找失败的积极意义,转换视角来看待挫折或失败,便可以帮助孩子化阻力为助力,消除恐惧心理,重新出发。

第六节 读懂青春期孩子行为背后的心理需求

宋娟娟

扫码观看课程视频6

家长朋友,你们是否有过这样的困惑:孩子越大越难管教,孩子越大越读不懂他们心里到底在想些什么。

在幼儿园、小学阶段乖巧听话的孩子,在进入初中后突然就叛逆了,他们仿佛变了个人似的,你说东他们偏往西,你说打狗他们偏撵鸡;以往什么事情都爱叽叽喳喳和家长沟通的孩子,现在却像闷葫芦似的;吃了饭之后就回到自己的房间,还要把房门关上甚至锁上。

有初中生的家庭在饭桌上往往会出现这样的对话:"作业做了吗?""嗯。""今天作业多不多?""还好。""老师上课讲的听懂了吗?""懂了。"通常家长问了,孩子会挤牙膏似的回答几句,如果家长往下追问,孩子就会不耐烦甚至顶撞,这时家长就会纳闷:我的孩子到底怎么了?

波动的情绪

场景一:这次质量调研,孩子明明考砸了,成绩大幅度退步。可我刚刚说他两句,他就开始发脾气,还振振有词:"×××比我考得还差呢!"

场景二:我只不过在朋友圈发了一张孩子打篮球的照片,他居然大发雷霆,还勒令我马上删除掉。

案例中的两个场景,是否也在你的家庭中发生过? 是否也曾给你造成困扰?

这些问题的出现,很可能是因为孩子已经到了青春期,或者已经具备了青春期的心理特征。想要有针对性地解决问题,我们不仅要看到孩子的行为表现,更要关注孩子行为背后的心理原因。也就是说,我们先要了解青春期孩子的身心特点,慢慢走进孩子的内心,才能陪伴孩子顺利度过青春期。

下面我们一起来做一个测试,请你用"Yes"或"No"来回应。

(1) 我和孩子聊天时会有许多共同话题。

(2) 我一般能和孩子和平相处。

(3) 我阅读过关于青少年心理特点的书籍。

(4) 我知道要耐心对待青春期的孩子。

(5) 我了解青少年在学习和人际交往方面的挑战。

(6) 我理解孩子偶尔的情绪波动。

(7) 我相信自己可以胜任青春期孩子家长的角色。

如果你的回答几乎都是"Yes",那说明您已经有了青春期孩子家长最需要的一项能力——同理心。若有些问题,您的回答是"No",也不用担心,这是非常正常的。

一、读懂孩子行为的重要性

行为主义心理学创始人华生认为:心理学应该研究可以观察到的行为,而不是看不见、摸不着的意识和精神。的确如此,家长要想读懂孩子,不应该只是空洞地说教,而是要观察和解读孩子的行为,从而了解他们真实的心理需求,走进他们的内心世界。

家长都爱孩子,但这并不代表家长都能够读懂和理解孩子,能够使孩子感受到爱与幸福。有时,家长认为的爱与关怀,对孩子来说反而是负担与压力。孩子的成长就如同庄稼生长,需要适宜的时机与环境。如果家长不能正确读懂青春期孩子行为背后的心理需求,只是简单地认为他们不听话、叛逆了,很少和孩子深入沟通交流,那么,孩子的烦恼将会越积越多,进而出现厌学、沉迷手机、叛逆等问题,严重的话还会产生心理问题甚至发生极端事件。

二、青春期孩子的心理特点

既然我们都理解或者认识到了读懂孩子的重要性,那么我们该怎么去读懂孩子呢?在读懂孩子前,我们要了解青春期孩子的心理特点。

《小王子》一书中有这样一段话:每个大人都曾是个小孩,可惜的是,很少有大人记得。是的,家长也曾经历青春期,你是否还记得自己当时的迷惘与困惑?你是否重复了自己在青春期时讨厌过的家长的行为呢?

孩子进入青春期后,身体处于一个快速发育的阶段,但心理发展却相对落后于身体的发育。他们会在探索外界、探寻自我方面遇到很多问题,出现明显的心理变化,尤其是情绪变化。通常,青春期孩子会表现出以下几个心理特点。

其一,青春期孩子的情绪不稳定,容易出现两极分化的现象。有些成年人司空见惯的事情,青少年在遇到时,情绪可能会极度暴躁,甚至粗暴。[1] 比如,有家长向我谈起这样一件事,说孩子情绪化现象比较严重,有时心情很好,有时会莫名其妙地大发脾气。有一次在整理他的房间时,家长翻动了他的一叠本子,他就不依不饶地和家长大吵大闹,甚至还让家长以后不要随便进入他的房间;如果要进入的话,应提前和他打招呼,在得到他的允许之后才能进入。家长完全不明白孩子为什么会发火,甚至觉得他是在无理取闹。后来,在孩子心情好时,家长再和他沟通,才知道原来那叠本子中有他的日记本,他认为家长借打扫的机会翻看了他的日记,他发火是因为觉得自己的隐私受到了侵犯。其实,家长只是好心帮他整理房间,并没有借机偷看他的日记。青春期的孩子往往会特别敏感,随着自我意识的觉醒,他们的情绪会变得很不稳定。他们有时会活力四射,有时却情绪低落,如得到他人奖励或夸赞时可能会喜

---

① 唐丹丹,申利丽.学校心理辅导[M].北京:中国建材工业出版社,2020.

出望外,但一点小事不顺心也可能会消极低沉。这些情绪会在青春期孩子身上频繁出现。

其二,青春期孩子因为自我认知与社会评价之间的悬殊差异,会变得比较焦躁。青春期孩子的身体发育逐渐成熟,而心理发育却相对滞后。这一时期,孩子会认为自己已经是大人了,但在学校和家庭生活中,他们依旧会被管教约束。这经常会让他们感到烦恼,甚至焦躁。平时比较强势的家长如果还没有意识到孩子已经步入青春期,还没有进行好青春期家长角色转换,还试图让孩子服从自己,家中就会时常出现争吵。

其三,青春期孩子对人格独立的渴望与思想的不成熟,导致他们会采用对抗的方式来解决问题。青春期是个体发育过程中的一个反抗期,这次反抗是从心理到生理、自内而外的反抗,是青少年为了成为独立个体而进行的抗争。这一时期的孩子在心理方面要求人格独立,但其思想不够成熟,通常难以应对危机,当遇到问题时会倾向于采用对抗的方式来解决。在这一阶段,家长更要尊重孩子,不应采用强硬的方式和态度否定孩子,以减少反抗情绪发生的概率。

比如,班级同学出好的黑板报,小林同学经常会去破坏,有时会用粉笔在黑板报上涂几笔,有时会擦掉黑板报上已经写好的文字。如果教师只是批评他的破坏行为,教育他要爱护公物,效果显然是不佳的。教师还需要进一步探寻他这种行为背后的心理需求。通过和家长沟通,教师了解到小林同学很喜欢参与集体活动,并且认为自己的绘画和板书能力不错,但在班级同学自愿组成小组出黑板报时,由于他平时有些自我和任性,没有同学愿意和他组成小组,他便以破坏黑板报的对抗行为来表达自己的不满和隐藏的真实心理需求:其实,他也很想出黑板报。发现小林同学对抗行为背后的心理要求后,教师引导他加入出黑板报的小组,并且真诚地夸奖他的粉笔字很工整,板报设计很新颖。心理需求得到满足后,小林同学再也没有做出过随意破坏黑板报的行为了。

了解青春期孩子的心理特点后,我们就会明白:其实,孩子的行为背后隐藏着他们的心理需求，只有读懂他们的心理需求，我们才知道如何恰当地回应他们。

三、孩子行为背后的心理需求及恰当的回应

磨磨蹭蹭的小王同学

家长说，小王同学做作业的速度很慢，在做作业时总是磨磨蹭蹭，喝水，上厕所，发呆，有时还会找各种借口索要手机。原本 10 点就能完成的作业，他非要拖到 12 点多还没有完成。家长很困惑：他为什么要拖拖拉拉的，就不能一口气做完作业吗？

小王同学做作业拖拉这个行为背后有哪些心理需求呢？我通过问卷调查的形式，了解了班级学生做作业拖拉的原因。在排除作业多的因素后，我把调查结果大致分为以下几类。

一些孩子做作业拖拉，是因为不熟练或者不会做。特别是数学，有时，他们解一道题需要花费很长时间，还解不出来。这类孩子做作业拖拉行为背后的心理需求是：需要得到学习上的指导和帮助。在搞懂学科知识后，他们做作业的速度就会有所提高。

一些孩子做作业拖拉，是因为注意力容易被分散，这是由不良的学习习惯造成的。比如在小学阶段，有的家长不太放心孩子一个人待在房间做作业，就会要求他在客厅完成作业，而客厅的环境相对来说比较嘈杂，哪怕大家都不说话，来回走动的脚步声、接电话的声音等都容易分散孩子的注意力，孩子做作业时不能够做到专心致志，速度自然会慢下来。如果家长给孩子创设一种安静的环境和氛围，使他们能够集中注意力，专心致志地做作业，他们做作业的速度自然会提高。

一些孩子做作业拖拉，是因为他们要求自己字迹工整、卷面整洁，稍有错误，便会擦掉重写，从而浪费时间。这一情况多见于成绩比较好的孩子。对这类追求完美、对自我要求过高的孩子，家长要注意进行心理

疏导,以防在进入高年级作业增多的情况下,孩子过于关注字迹的工整,耗费更多的时间,从而引发焦虑等心理问题。

还有一些孩子是消极怠工,做作业时故意磨蹭。下面,我们重点分析一下这类孩子行为背后的心理需求。我们发现,这类孩子做作业拖拉完全是由主观原因造成的,也就是说,他们不是不能早点完成作业,而是不愿意早点完成作业。

他们不愿意早点完成作业的真实原因和目的是什么呢?通过与这类孩子沟通交流,我们了解到他们在完成学校作业后,还需要完成家长布置的课外作业。这类孩子做作业拖拉行为背后隐藏的真实想法是:就算完成了老师布置的作业,我还是不能够休息,不能够自由支配时间,还是要做家长布置的课外作业,那么,我索性就慢慢完成学校作业,家长看见时间晚了,也就不会强迫我完成课外作业了。这类孩子做作业拖拉行为背后的心理需求是:不想做家长布置的课外作业。

在了解了这类消极怠工孩子做作业拖拉行为背后的心理需求后,家长应该如何应对呢?

学习的主体是孩子,因此,与孩子沟通是家长回应策略中最核心的要素。家长要让孩子真正了解学习的目的,化被动学习为主动学习。家长的过分干涉、细致安排会让孩子产生一种错觉:家长这么在意我的成绩,是因为我学好了会对他们特别有利。有了这样的错误想法,孩子便会认为自己是在为家长学习。孩子没有学习的动力,就不会真正用心,效率自然不会太高。

有一项调研整理出了孩子最不喜欢听家长说的若干句话,其中有一句就是"快去学习"。平日里,催孩子写作业、学习,已经快成了家长的口头禅。有些家长看到孩子玩就焦虑,恨不得孩子时时刻刻都在学习;看到孩子磨蹭,就忍不住催孩子快点完成作业。如果家长张口闭口都是催孩子学习的话,会给孩子带来很大的压力,反而会影响孩子的学习兴趣和积极性。

站在孩子的角度,家长经常性地催促孩子学习、写作业,会带给孩子一种不被信任的感觉。家长这样做还会传递给孩子一个信息,即"家长关心学习和作业,胜过关心我,家长只喜欢爱学习、作业做得又好又快的我"。这两种感觉叠加在一起,很容易让孩子产生逆反心理,家长越催,孩子越不做,即使做也很慢。孩子还会对家长感到失望,亲子关系越来越差。

因此,家长平时和孩子沟通,不要只知道催孩子学习,要多和孩子聊聊学习之外的事情,关心他们的喜好、人际交往、情绪感受等,真正走进孩子的内心。

学习上,家长可以通过设立规矩来避免唠叨、催促。比如,规定孩子每晚放学后先写作业再玩,周末有固定的学习时间段。这样,家长就不用一直盯着、催着孩子,而是给孩子更多的信任和自主权,让他们自己安排作业和学习。有了充分的自由空间,孩子慢慢会变得自律。

四、与青春期孩子沟通的三个原则

与孩子沟通时,家长要"保持冷静,克制情绪",因为情绪化的反应容易让孩子感到不安或误解,冷静处理更有助于解决问题。"坚定态度,批评行为"意味着家长在表达不满时,应聚焦具体行为而非孩子本身,这有助于孩子理解错误并改正,同时能保护孩子的自尊心。"保持耐心,以身示范"强调耐心的重要性,家长要通过自身行为为孩子树立榜样,让他们学会耐心解决问题,同时,耐心倾听也有助于亲子深入沟通和理解彼此。这三个原则(见图3-6)共同构成了有效沟通的基础,有助于建立和谐的亲子关系。

1. 保持冷静,克制情绪

当和孩子发生矛盾时,家长要学会控制自己的情绪,在发火前先花一分钟想想自己应该如何处理,并想象自己冷静而坚定的样子。面对情绪比你更激动的青春期孩子,家长更要保持冷静。如果家长情绪失控,只会强化孩子的叛逆、反抗等行为。此时,家长要向青春期孩子展示成年人成熟稳重的形象,即使孩子再暴躁焦虑,家长都要展示出自己冷静坚定的态度。

2. 坚定态度,批评行为

在教育孩子时,家长要告诉孩子,是他们的行为导致了这样的后果。在批评时,家长需要注意不要上升到对孩子人格的侮辱或羞辱,不要盲目评判孩子的为人。家长要纠正的是行为,不是孩子。

在与孩子发生冲突时,家长要善于换位思考,看到孩子敢于为自己发声的勇气。此时,家长不要和他们争辩,要听他们说完,表示理解后,依旧坚定自己的态度——他们需要为自己的行为付出相应的代价并承担相应的后果。

图 3-6 与青春期孩子沟通的三个原则 (简娜 绘)

3. 保持耐心，以身示范

家长如果感到自己情绪不稳，请深呼吸。与其想要压制孩子的观点，不如让孩子根本抓不到你的把柄。很多时候，当孩子咆哮时，家长教育他们语气要好一些，但家长自己也在咆哮，孩子肯定会抓住这个机会狠狠反击的。这时，家长只需要看着他们咆哮，等他们咆哮完再简单地说一句："好，我明白了。"家长可以试着在事后，等孩子情绪平复下来时，和他们聊一聊他们咆哮时自己的真实感受，效果可能会更好。

接着回到我们刚才讨论的关于做作业拖拉的问题，建议家长先找机会和孩子认真地聊一聊，问一问孩子做作业拖拉的原因，了解孩子的真实想法，而不是不分青红皂白一味地埋怨、批评孩子做作业拖拉的这一行为。家长只有重视和读懂孩子行为背后的心理需求，才能采取相应的办法帮助孩子。

如果家长布置的课外作业过多，建议家长放下面子，真诚地向孩子道歉。家长可以承认自己考虑问题不周，好心办坏事，没有设身处地地考虑孩子的感受，没有想到自己这样的行为会增加孩子的学业负担。为了激发孩子的学习兴趣和动力，家长还可以承诺孩子，做完学校作业后，他们可以有自由支配的时间，做自己喜欢做的事情，如看课外书、画画，甚至玩一会儿手机等。

如果家长能读懂孩子行为背后隐藏的真实心理需求，并以正确的方式去理解、帮助、回应他们，那么，孩子做作业的速度一定会大大提高。

总而言之，家长要了解青春期孩子的心理特点，读懂孩子行为背后的心理需求，掌握与孩子沟通的三个原则。建议家长在遇到亲子冲突时，按照我们的方法，尝试去分析孩子行为背后的心理需求，试着去和孩子进行深入、平等的沟通。

有人说，为人家长真是天底下最不容易的角色，而要做好青春期孩子的家长，可能更不容易。但是，如果家长能够真正读懂孩子的心理需求并采取恰当的回应方式,那么,我们和孩子的沟通就会和谐顺畅,我们就会帮助孩子顺利度过青春期,让孩子拥有更加灿烂美好的未来!

第七节　三步破解与青春期孩子沟通的难题

扫码观看课程视频

王维瑛

无言的"沟通"

孩子放学回到家,低着头闷闷不乐,你问他:"今天怎么了啊?"他寥寥数语:"没什么。"然后一进房间就关上门不出来了。

家长朋友,在日常与孩子的相处过程中,你们是否经常会碰到案例中的场景?

这个时候,作为家长的你一定很困惑,为什么孩子不愿意听我讲。

要知道,孩子此时不是不愿意听你讲,而是不愿意听你用这种方式讲。

除了孩子不听你说以外,还有一种情况,孩子听你的,但你明显感觉到他们心不在焉,很是敷衍,又或者孩子听是听的,但他们不会按要求做。

手机的困扰

孩子老爱玩电子产品,你和他沟通,给他定规矩,他一个耳朵进,一个耳朵出,压根儿不搭理你,该玩还是玩。你和他说早点做完作业睡觉,熬夜对身体不好,他依旧我行我素,每天搞到半夜。

这时候,你肯定心里在想:为什么说了那么多次,还是不管用?

要知道不是孩子不做,而是孩子做这些事情的前提条件不具备,他们做不出来,巧妇难为无米之炊。

孩子不听也好,不做也罢。其实这都算是比较好的,再严重点,孩子就和家长顶嘴了,嗓门比家长还要响。

小张同学回家越来越晚了

小张同学平时放学走 10 分钟就能到家,但不知道那段时间他是怎么了,天天都很晚到家。小张同学的爸爸终于忍不住了:"你知道现在是几点了吗? 你还知道回家呀。"听到爸爸这么说,小张同学立马就跟爸爸急了起来。爸爸再追问他几句,小张同学就显得更加烦躁:"你能不能不要再啰唆了,烦死了,我的事情不要你管,你管了那么多年,还不够吗?"

为什么家长一说,孩子就顶嘴? 孩子也不想和家长顶嘴,孩子也想和家长交流,但由于家长态度不好,或者说由于孩子还不会、不知道如何更好地去表达,家长便感觉到孩子在顶嘴,其实,孩子是在表达自己的观点。

各位家长,前面这三个案例都不是最可怕的,真正可怕的是孩子再也不和家长说什么了。

孩子放学回到家把鞋子一脱,就直奔自己房间。你想看看他们在朋友圈发了什么,却发现"横杠"挡门,自己已被他们屏蔽了。你想给他们设置手机使用权限,却发现自己输入的手机密码都不对……

孩子什么都不想和你说了,什么都不想让你知道了。

孩子不是不说,而是之前和你说了很多,你都没有重视并给出他们期望的反馈,所以他们最后出现了习得性无助,就闭嘴了。

很多家长苦恼于孩子不愿意与自己沟通,但可能很少有家长真正想过,是什么导致了这些沟通上的问题。在分析完案例和家长的困惑以及孩子的原因后,我们再来分析家长的原因。

一、家长常见的四种错误做法

家长常常会犯四种错误。我来讲讲看，你来听听看，是不是这样：

1. 只有情绪，没有沟通

在沟通中，双方哪怕有一个人情绪激动，沟通都会以痛苦收场。

小王的妈妈上班累了一天，晚上回到家，发现小王的作业一点儿都没写，家里还被弄得乱七八糟，顿时火冒三丈，气不打一处来，忍不住爆发："你就不能听话一点吗？你为什么把家里弄这么乱？"你能够想象，如果这个时候小王给自己辩解，得到的可能又是妈妈的一顿数落。

家长忽略孩子的情绪，控制不好自己的情绪，只能导致冲突加剧，沟通失败。对孩子来说，他们是无法理解家长言语中的破坏性情绪的。孩子只是听到了家长对他们的批评，此时要么是心里不服，强烈反抗，爆发亲子矛盾；要么是照单全收，无限懊恼，降低对自己的评价。

2. 只有评论，没有事实

很多家长在与孩子沟通的时候，语言中经常带着评价，给孩子贴标签，这样往往会让孩子产生抵触心理。

之前有位妈妈和我说，有天孩子对她说，学习太累了，自己不想去学校了，想让妈妈去给老师请假。你听到了什么？你是不是会评判性地听："你这孩子，学习怎么这么费劲呢。你看学习这么重要，怎么能说请假就请假呢。你对学习真是没有积极性……"其实，你不是在对你听到的事实进行描述，而是在对孩子进行评论。这样一来，孩子可能就真的不爱学习了。

我们再拿孩子写作业这件事来分析。孩子一道题写了半个小时，大多数家长就会对孩子说："你怎么拖拖拉拉的，半个小时过去了，一道题都还没写好！"但你发现没有，拖拖拉拉、磨磨蹭蹭只是我们的猜测和想象而已。孩子有可能真的是在认真思考，或者说遇到了难题。你这样说，只会给孩子压力。

3. 只考虑自己的感受，忽略孩子的感受

忽略孩子的感受会使得孩子不愿意跟你沟通，孩子会觉得即使和你说，你也不能理解他们，你总觉得无所谓。当你不断地忽略孩子的感受时，孩子也学会了忽略别人的感受，而且最重要的是，他们知道了跟爸爸妈妈沟通是没有用的，因为你们根本听不懂。

孩子晚上突然和你说："妈妈，我很饿，我饿得要命。"你却说："你刚吃完饭，怎么会饿呢？"你看，孩子明明觉得饿，但妈妈却觉得孩子刚吃完饭，不应该饿，否定他的感受。男孩子摔了一跤，妈妈过来说的第一句话是"不疼不疼，男孩子不哭啊"。你想想看，如果你在厨房里摔了一跤，然后你老公过来说"不疼不疼"，你是什么感觉。这就是忽略孩子自身的感受。

如果家长经常用否定和忽略孩子感受的方法来对待他们，你觉得孩子会怎么样？孩子也会感受不到他人的痛苦，忽略他人的感受。[①] 家长这样做，还会完全堵住孩子的嘴，他们会觉得委屈，以后再遇到什么事，也不会和家长说了。

4. 只有要求，没有具体的标准

孩子跟大人不一样，他们很难理解并回答大而抽象的问题。

"你能不能好好学习""你能不能认真点""你能不能用点心""你能不能少玩会儿手机"……这些都是我们经常对孩子说的话。当你这么说之后，孩子通常不会有什么改变，但这并不是因为孩子不懂事、不听话，而是因为家长的要求不明确，表述不清晰。你让孩子少玩会儿手机，那玩多长时间合适呢？孩子觉得每天玩两个小时很合适啊。

所以，家长的要求不明确，就会导致家长和孩子的标准不一样，家长会觉得孩子不听话，孩子会觉得家长管得太严。

---

① 樊登.读懂孩子的心[M].北京:中国友谊出版公司,2019.

二、与青春期孩子沟通的三个技巧

家长与青春期孩子沟通时,应该用耐心代替急躁,用共情代替否认,用平等代替管控(见图 3－7)。在青春期,孩子的身心会发生巨大的变化,他们开始更加独立地思考、感受与行动,自我认同的情感也更为强烈。家长要用耐心代替急躁,是因为青春期孩子可能会表现出情绪波动大、行为反复无常的特点。家长若急于求成,往往会适得其反。家长耐心倾听他们的想法和困惑,留出足够的时间和空间让他们自我成长,是与其建立信任和理解关系的基础。用共情代替否认,意味着家长要尝试站在孩子的角度去理解他们的感受和需求。青春期孩子渴望被理解和接纳,家长否认他们的情感只会加深隔阂。通过共情,家长能够传递出"我懂你"的信息,让孩子感到被尊重和支持。用平等代替管控是尊重孩子独立性的体现。青春期孩子渴望摆脱家长的过度干预,追求自我决策的权利。家长应调整心态,以朋友的身份与孩子相处,鼓励他们独立思考和解决问题,同时设定合理的界限和规则,确保他们的安全和健康成长。这样的沟通方式有助于培养孩子的责任感和自信心,促进亲子关系的和谐发展。

图 3－7　与青春期孩子沟通的三个技巧　(简娜　绘)

1. 用耐心代替急躁

沟通是双向的,有来有往才叫沟通,你问他答只能叫审判。家长很多时候喜欢提问,问了孩子,孩子就得答,然后不是急于评价就是急于帮孩子解决问题。而事实上,做一个倾听者同样重要。

很多时候,家长很擅长打断孩子,也没有那么多的耐心。孩子说:"这次数学考试好难啊!"你说:"难什么难啊?隔壁小张还不是考了 98 分,你上课有没有专心听啊?"长此以往,这个双向沟通的通道就慢慢关闭了,孩子就不想表达了。

只有当我们让一让,用心去听一听,不着急去解决问题,不着急去评价,让孩子去说,他们需要你帮助或者解决问题的时候,你再说自己的意见,孩子才会更愿意去说。这才让你们有机会去进行双向沟通。[①]

2. 用共情代替否认

共情又称为"通情""移情"等。家长要换位思考,从孩子的角度去体会他们的情绪、需要和意图。当家长具有这样一些人格特质时,就有同理心了,也就能与孩子共情了。

家长可以试着说出孩子的感受,但不能用自己的行为来代替孩子的行为,也不能用自己的判断来代替孩子的感觉。[②]当家长能准确地说出和理解孩子的感受时,孩子的感觉立刻就会变得不同。他们会觉得爸爸妈妈很理解我,这就是情感的认同。甚至当你要制止孩子的时候,你也要先理解他们的感受。

3. 用平等代替管控

青春期是人生旅途中一个非常美妙、奇异、灿烂的时期,进入青春期的孩子正欣喜地体验着自我意识的觉醒和性意识的觉醒,体验着自己的

---

①②　栾芳.走进青春期[J].好家长,2022(15):10-11.

长大。他们"变得有主意了",就是因为他们自觉长大了,成人心态正在他们的内心迅速膨胀。如果家长仍然抱着孩子还小的心态,与孩子沟通时总是居高临下,期望孩子还能像"以前那样乖",一开口总是"教育"的口气,那么,孩子是不会向你敞开心房的。

家长在和青春期孩子交流沟通时,最忌讳的就是训斥或居高临下的态度。这种不平等的方式会让孩子对你产生一种距离感和恐惧感,从而使孩子不敢、不愿、不想和你沟通。①

家长一定要明白:你是孩子成长的帮助者,不是决定者。如果你试图让孩子按你的意志行动,那么要么冲突,要么会让孩子变成一个缺乏自主性的人。

不要轻易进入"你对我错"的博弈模式,而应该将问题当成共同面对的挑战,一起帮孩子应对挑战。不是"你错了,你必须听我的",而是"你遇到问题了,我们来共同面对"。要让孩子感觉到家长是盟友,而不是敌方。②

家长要和孩子像朋友一样聊天,无论孩子说什么,都请在心里先对自己说上一句"我们是朋友",再对孩子说上一句"我理解你"!

孩子的抱怨

如果孩子跟你抱怨数学老师布置的作业太多太难。你应该怎么说呢?

以下回应可供参考:

(1)数学作业太多太难,那你能做完吗?(了解孩子目前的处境)

(2)那你准备怎么办呢?(了解孩子的应对方式)

(3)其他同学也觉得多吗?(了解客观情况)

---

① 金英.如何跟青春期的孩子沟通[J].中小学心理健康教育,2019(25):3.
② 魏智渊.高手父母[M].桂林:漓江出版社,2022.

（4）你跟老师反映过吗？（鼓励沟通）

各位家长，当我们避免了四种错误做法，掌握了三个有用的技巧后，就可能轻松解决沟通难题，和孩子更亲近，从而更好地帮助孩子去面对情绪上的那些难题，顺利度过青春期，走向美好的明天。

第八节　戒掉那些口头禅，爱要正确说出来

周冬妮

扫码观看课程视频

　　有机构曾整理出孩子最不喜欢听到家长说的话，包括：（1）快去学习，快写作业；（2）你看看别人家的孩子；（3）不许看手机、看电视、玩游戏；（4）你真没用，真笨；（5）你一天到晚就知道玩……

　　很多家长听到这些话就会觉得耳熟，这正是自己平时常挂在嘴边的话。

一、孩子讨厌家长说的高频口头禅

　　我们做过类似的问卷调查，让初中生说一说最讨厌听到家长说的话。"你看看×××，再看看你""我这是为了你好""不许看手机、看电视、玩游戏"位列前三。

　　我们不妨认真分析一下这些令孩子生厌的高频口头禅，看看它们折射出的问题。

1."你看看×××，再看看你"

　　互联网上流传过一篇文章，开头是这样说的：从小我就有个宿敌，叫别人家的孩子。这个孩子从不玩游戏，从不用微信聊天，天天就知道学习，长得好看，又听话，回回年级第一……

　　一些家长坚信榜样的力量是强大的，试图用别人家孩子的优秀事迹来教育自己的孩子，让孩子看到差距，向他人学习。但实际上，孩子会觉

得自己成了家长攀比的工具。

中国家长都喜欢别人家的孩子,总感觉他们比自家孩子优秀,有礼貌,这种口头禅式的比较成了伤害孩子的利刃。

《中国青年报》做过一项调查,83.00%的受访家长坦言会羡慕别人家孩子的优秀,经常比较自家与别人家的孩子。

《少年说》节目中,一个学霸男孩在高台上喊着自己的委屈:"每次我数学考满分,我妈都会说,很正常,比你厉害的人多了去了。"

这简直让人不可思议,如此优秀的孩子依旧无法让家长满意。为什么家长不能投其所好给予孩子鼓励称赞,而是要用"不如别人"来戳孩子的心窝呢? 对此,有妈妈解释:"妈妈希望你继续努力。我有时拿你和他人作比较,就是希望你学习他人的长处,弥补自己的不足。"多少爱比较的家长都有这种心理,可孩子接收到的信息却是自己不值得被爱,从而自暴自弃。

2."我这是为了你好"

在替孩子做决定的时候,家长总会习惯性地搬出"我这是为了你好"这句话来表明自己的立场。

这样一句话看似是家长无私地付出,替孩子思前想后,实际上却暴露了家长强烈的控制欲,企图以爱的名义来剥夺孩子自由选择的权利,忽视他们内心真正的需求。除此之外,家长还会用"我说不行就不行""现在就给我去做××事"等口头禅来命令孩子。这些口头禅无一例外都在表达家长的霸道和专制。

家长的每一句"我这是为了你好",多少都带着一点"我吃的盐比你喝的水都多"的傲慢。家长随口的"我这是为了你好",其实是为了自己好,希望满足自己未曾实现的愿望。这些家长何曾真正理解过孩子,问过孩子真正需要的好是哪般模样。

3. 不许看手机、看电视、玩游戏

这样的语言看似体现了家长的权威,彰显了家长的家庭地位,但其实家长在限制孩子行为的同时,那种命令的语气可能已经激起了孩子的逆反心理。即便孩子确实不应该做某件事,家长也不能用命令的语气,而是要把前因后果说清楚。而且,家长越是禁止,孩子可能就越想去挑战和尝试。孩子会觉得家长不尊重自己,从而更不愿意听家长的话。这时,家长又会感觉孩子在挑战自己的权威,进而强迫孩子按照自己的话去做。对抗由此产生,亲子关系也会受到影响。

家长可以想一想:在你和孩子的交流中还有哪些高频口头禅? 你说这些话的用意是什么? 孩子是否真正从内心接受了你的劝导或建议? 更重要的是,你是否意识到了这些口头禅背后隐藏的危险因素?

《超级演说家》节目中有一句话:你满嘴是爱,却面目狰狞。最爱孩子的家长有时却伤孩子最深。家长温柔善意的言语能孕育阳光优秀的孩子,家长随口伤人的口头禅则会让孩子受伤害。儿童心理学家说:"好家长嘴上都有一条拉链,从不对孩子随心所欲地说话。"所以,家长要学会对孩子说话,说对话。

二、家长高情商说"不"的六个原则

当孩子的表现不尽如人意时,如考得不如其他同学、自觉性不够,家长要忍住自己随时会来的暴风雨似的劈头盖脸和歇斯底里。我曾经读过一篇文章《别总拿自家孩子跟别人家孩子比》,其中教了几种方法令我印象深刻。一是要承认孩子间的差异。受家庭背景、成长经历、教育环境等影响,每个孩子的发展速度、认知能力、生活经验、性格特点、学习方式等都是不同的,家长应当接受并承认孩子间的差异。家长不能用同一标准对孩子的缺点和优点进行比较。孩子与他人的差异往往体现了其个性,这种差异更需要家长来保护。此时,家长正确的态度是根据自己

孩子的特点，有针对性地进行教育。二是要尊重孩子的天性，并用欣赏、发展的眼光看待孩子。孩子天生就有不同的个性，家长要尊重孩子的个性，不要盲目跟风。别人家孩子学这个，我就让自己的孩子学这个，别人家孩子上北大，我就让自己的孩子上清华，这样的想法是不可取的。家长要了解自己的孩子，找到适合自己孩子的发展道路，用欣赏、发展的眼光看待孩子。三是要学会换位思考。假如孩子经常拿我们和优秀的人比，想想我们是怎样的感受。家长不妨把自己的孩子当成别人家的孩子来看待，多挖掘孩子身上的优点，多给予赞美之词。渐渐地，家长也许会发现孩子变得开心了，自信心也增强了。

　　想对孩子的不恰当行为说"不"时，家长要明确两点：一是要教给孩子正确的做法，二是要合理巧妙地说"不"。家长可以从以下六方面做起，有效地对孩子说"不"，正确地表达爱（见图 3-8）。

图 3-8　爱要正确说出来　（简娜　绘）

1. 说"不"的频率别太高

孩子的成长本身就是一个不断试错的过程,他们不可能从一开始就事事做得完美,样样不出差错。

家长经常禁止、否定孩子的行为,很容易打击他们探索的积极性和自信心,让他们变得缩手缩脚。而且,他们可能会对家长感到厌烦,事事和家长对着来。

因此,家长要拿捏好分寸,对生活中的大事小事要做到心中有数。

在那些不违反原则、无伤大雅的事情上,家长可以放轻松一点,不要给孩子太多条条框框的束缚。

当孩子几次三番出现同一个问题,影响到他们的习惯养成时,家长可以找准一个恰当的时机来解决问题。

一次性地重点解决问题,效果会好过屡次三番不痛不痒的习惯性说"不"。

2. 先共情,再说"不"

孩子需要被理解。严厉地对孩子说"不",这种强硬的方式会让孩子产生逆反心理,家长说的他们偏不听。

这时候,共情就显得特别有必要。当家长先表现出对孩子行为或想法的理解和接纳,再去提建议时,孩子会更乐于接受。

家长要给出具体的建议,委婉地说"不"。这样的话,孩子会感受到自己的话被家长听进去了,自己的想法得到了尊重和接纳,心理上会解除对家长不信任、抵触的防线,从而有效接收家长的信息。

3. 让孩子看到你的坚持,而不是情绪上的愤怒

有些家长在对孩子说"不"时总是情绪先行,大发脾气,暴跳如雷,有时这样做的确可以快速"制服"孩子,让他们听话,但因为孩子对情绪更

加敏感，教育的效果很容易打折扣。

面对一个暴怒的家长，孩子的注意力都会放在情绪上，而不是家长的话语上。孩子很可能是被家长的情绪"吓"听话了，而不是真正意识到了自己的错误，弄清楚了"不能这样做"的原因，所以，家长发现孩子常常会再犯同样的错误。

这就是为什么我们总强调家长不要用发脾气的方式对孩子说"不"。

明智的家长在对孩子说"不"时会保持稳定的情绪，重点为孩子阐释"不能这样做"的原因，从根本上达到教育目的。

很多时候，孩子的某些行为是一种试探，比如说好了玩 30 分钟手机，还要再玩一会儿，家长只要有一次松懈了，孩子就会觉得这是可以商量的，一次次去挑战家长的底线。

家长要坚守住原则，说了"不行"就是"不行"，不轻易妥协。

4. 用规则代替唠叨

养成一个习惯需要很久，改掉一个毛病也需要多次反复强化。

家长与其在孩子每次犯同一个错误时反复唠叨，不如提前定好规则，用规则约束孩子的行为。比如，每天的作息时间表：什么时候写作业，什么时候玩耍；良好的习惯：每天自己收拾书包，每周收拾一次自己的房间；禁止的行为：吃饭时不能看电视，睡前不许吃零食。

家长要和孩子协商一致，制定清晰、明确的规则，并和孩子一起执行。规则的力量很强大，孩子会在日复一日的践行中逐渐养成良好的行为习惯。

5. 及时肯定孩子的正面行为

家长要及时肯定孩子的正面行为，抓住孩子做得好的一次，及时给予肯定和鼓励。如孩子平时都会赖床，某次按时起床了，家长就要抓住这个时机，具体地夸一夸孩子："你今天按时起床了，做得非常好哦！要是你每天都能保持就更棒啦。"①

正面的行为得到强化,孩子自然而然就会弱化掉那些负面的行为,逐渐改掉坏习惯。

6. 告诉孩子正确的做法或提供有限的选择

有些时候,家长对孩子说"不",他们不听,可能是由于家长的指令不够明确,孩子会产生"那我到底该怎么做"的疑问。对孩子说"不"其实是一种很消极的语境,在限制孩子的各种想法和行为。

一些家长用"别……"的句式只是为了让孩子停止他们正在做的事,却没有告诉孩子应该怎么做,即使孩子能听话停下,却不知道接下来要干什么。

家长不妨正向说"不",直接告诉孩子正确的做法或给孩子提供有限的选择。家长给孩子的指令越具体,孩子从接收信息到行动起来的效率就会越高。

孩子想玩手机,怎么办

孩子学习一天后累了,吃完饭就要玩手机,此时,家长该怎么办?

家长养育越久越会发现语言伤害之危害,语言温柔之美好。家长为孩子做了很多事,但伴随着伤人的口头禅,一分伤害抵消十分付出,实在是不划算。

愿家长多一些美好积极的表达,助力孩子成为更好的自己。

---

① 月影.如何有效地对孩子说"不"[N].海东时报,2018-12-24.

第四章

家庭教育实践八堂课

第一节 做好阅读这件事，学习轻松不费力

顾 佳

扫码观看课程视频

近几年，网络上经常流传一些家长教育孩子心力交瘁的视频，家有儿女的网友纷纷留言表示赞同："养育一个孩子太难了！"的确，在将孩子养育成人的过程中，当代家长不仅要操心孩子的身体健康，还要关注孩子的心理状况、行为习惯、性格品行、学业成绩等，很不容易。家有初中生的家长对此可能感受更深，因为这一阶段的孩子正处于人生的青春期，身心经历了很大的变化，又面临着中考这一人生首次重大的学业考验。

那么，我们能否在焦头烂额中找到一个支点，让教育更加省心、更具效率呢？

一、阅读——孩子成长的支点

校长家的省心娃

几年前，笔者对某中学张校长做了一次访谈，了解到她的孩子很优秀。每天放学，孩子都准时来到母亲的办公室，自觉完成功课。他的成绩一向很好，后来顺利地考上了市重点高中。与他交流，你会感到他的性格活泼而沉稳，谈吐中显示出很好的教养。

张校长作为教育方面的专家，是怎样培养出这样一个"三好"孩子的呢？有没有独特的经验？是不是花了很多心血？然而在访谈中，张校长

告诉笔者自己工作特别忙,没有太多时间辅导孩子,也没开什么小灶,孩子全靠自觉。她说:"如果一定要我说一条经验的话,我觉得应该是这么多年来我一直坚持做一件事,就是周末抽半天陪孩子去图书馆坐坐,看看书。孩子喜欢看书,所以他自己知道怎样做是对的,很多时候我不需要多说什么。"

显然,案例中的这个孩子就是我们通常说的"省心娃",培养这样一个省心的孩子,正是许多家长的愿望。但现实中,我们面临的往往是许多的"不省心":有的孩子上初中了,对很多事物的认识仍很幼稚;有的特别浮躁,做事不专注;还有的学习热情低,学业成绩堪忧……这些都是初中阶段孩子常见的问题,包括认知发展、性格培养、习惯养成、学业成长等方面。那么该如何面对和解决这些问题呢?

我们不妨回顾一下张校长的这句话:"孩子喜欢看书,所以他自己知道怎样做是对的,很多时候我不需要多说什么。"梳理一下其中的因果关系,就是:因为"孩子喜欢看书",所以"他自己知道怎样做是对的"(孩子获得了自我教育能力),所以"很多时候我不需要多说什么"(家长得以省心)。可能很多爱读书的家长在自己的成长过程中也有类似的体验,那就是通过阅读,能获得自我教育的能力。书籍会帮助孩子思考哪些认知、行为是正确的,哪些是不可取的,书籍会帮助孩子成为一个聪明的人。而从学业的角度来说,阅读能帮孩子培养语感、增长知识、拓宽眼界、提升思维等。教育研究表明:阅读能力越强,学习能力越强,学业表现越优秀。

因此,无论是个体成长的哪一方面,当孩子能通过书籍自我教育,家长往往就能非常省心了。换言之,培养孩子的阅读习惯正是让我们的教育事半功倍的绝佳途径。阅读,正是足以撬起教育整体的一个支点。

二、学会三个关键词,应对孩子不爱读

阅读的价值无须多言,然而实际培养孩子的阅读习惯却存在不少问

题。有的家长反馈说:"我知道阅读很重要,也尝试过培养,但孩子就是不爱读书。"又或是:"现在的孩子学业特别忙,几乎没有时间读课外书,怎么解决?"的确,不爱读和没时间,正是不少学生和家长面临的两大现实问题。

关键词一:合口味

阅读的第一步是选择读什么。一个基本前提是:读想读的书,孩子才有可能爱上阅读。经常有家长反映说:"孩子上初中了,还是在读一些幼稚、没用的书,我想让他读一点儿有意义的书,他又不肯。"还有的孩子只喜欢读某一类型、某一题材的书,别的一概没兴趣。诚然,思维容量大、丰富多元的阅读对孩子来说更有益,但在上述情况之下,简单粗暴地指定孩子不要读什么、要读什么,往往很容易触发青春期孩子的逆反心,效果适得其反。我们不妨试试尊重和引导。

一是尊重孩子的选择。如果看到孩子在读大人眼中幼稚、单一的书,只要内容不是有害的,不妨让他沉浸其中。至少,孩子在那一刻感受到了阅读的乐趣,后续家长就有引导的空间。反之,如果孩子感受阅读乐趣的机会被家长以成人视角的"幼稚""没用"为由早早地扼杀了,那么后续他很有可能会反感阅读这件事,我们就很难做下一步的引导了。

二是引导孩子多元阅读。在尊重孩子阅读兴趣的基础上,家长可以尝试找找"孩子现有的阅读"和"更好的阅读"之间的关联,适当地引导孩子。比如,找内容之间的关联:六、七年级的学生普遍喜欢沈石溪的动物小说,有的看的还是漫画版。如果孩子看的是漫画版,家长可以自然地鼓励他去看看文字版。如果孩子已经在看文字版,家长可以对他说:"你这么喜欢看《狼王梦》,那你想知道狼到底是怎样一种动物吗?有本科普书特别好,我介绍给你。"诸如此类,找到内容上的共性,帮孩子实现阅读类型的多元化。家长也可以从作者着手找关联,介绍同一作者的其他书籍,或是与作者相关的书籍。家长还可以从风格入手找关联,有的孩子喜欢看幽默故事、漫画,家长可以试着引导:"老舍、钱锺书、鲁迅这些文学大家都是幽默大师,你肯定会喜欢的,不如去找几本读读?"

像这样,尊重包容加上恰当的引导,我们可以循序渐进地帮孩子找到既合口味又有益的读物。

关键词二:造氛围

"氛围感"是如今的流行词,对于孩子的阅读来说,这一点也特别重要。笔者曾听到一位家长批评孩子:"你怎么那么作妖呀? 只要你静下心来,在哪里都能看书!"这位家长忽略了关键的一点:他所面对的并非一个成熟的读者,而是一个等待引导的孩子。对于成熟的读者来说,如果他爱阅读,的确无论身处何处都能读。但我们面对的孩子尚未养成阅读习惯,很容易被别的事物影响而分心。这时候,外界环境氛围的暗示就十分重要了。我们可以采取一些有益的措施。

一是让书籍更易得。我们在感到无聊时,经常随手拿起身边的东西打发时间。让我们设想:如果孩子面前放了一部手机,他自然会玩手机;如果孩子面前放的是一本书,他便会选择拿起书。那么,如果在家中(至少是在孩子最常待的房间里)书籍读物随处可见、随手可得,相信孩子是不会视而不见的,他总有机会拿起书本,从而有了爱上阅读的可能性。从这个角度来说,随处摆放书籍可能比把书收到一个专门的柜子里更有益。比如那些被束之高阁、摆放得整整齐齐的书籍,孩子可能根本不会走过去拿出来,反而是随手可拿的书多了一些被阅读的可能性。

二是让阅读有"腔调"。家长可能会有这样的体会,有时候外部"腔调"到位了,内心就会受到暗示,行动就更顺利。比如很多白领,早晨要喝一杯咖啡,如此暗示自己元气满满的一天开始了。阅读亦是如此,文具、灯光、环境音、饮品等,只要选择恰当,都能为孩子带来正向的影响,帮助他更好地沉浸式阅读。比如孩子在读古典诗词,桌上放一小盏清茶,孩子读诗品茗,会更有美的享受。如果家中难以创造氛围,也可带孩子到图书馆、书店、咖啡厅等适宜静静读书的场所。这些来自眼睛、耳朵、鼻子等多感官的氛围感应,能带给孩子很强的心理暗示,其作用不可小觑。

关键词三:创成就

有句古话叫"失败乃成功之母",但实际上,很多时候成就感才是我们坚持做一件事的动力。所以,不断地为孩子的阅读创造成就感,也是帮助孩子爱上阅读的诀窍之一。

我们不建议家长朋友长期使用物质奖励来创造成就感。在早期试图说服一个不爱读书的孩子时,可以短期使用玩具、零食等物质奖励。但长此以往会使孩子以为读书是为了达成某种物质目标,或是将原本轻松自由的阅读当成一项任务来做。我们真正要向孩子传达的理念是:阅读是一个能使我们受益终身的习惯,我们应当享受阅读本身。所以,更适宜从精神层面来创设奖励,为孩子带来成就感。

一是多表扬。当孩子跟家长分享阅读收获时,如果家长站在成年人的角度轻易地否定他,灌输给他自己的见解,很有可能他就不愿再读书思考了。所以,首先要注意倾听、平等包容。其次要多鼓励,哪怕他的想法不太成熟,家长也大可慷慨地予以表扬。对于性格自卑犹疑的孩子来说,家长这样做尤为必要。

二是设任务。我们可以给孩子布置一些阅读任务,注意此任务非彼任务——不是强制完成以达成某些物质目标的任务,而是一些能帮助孩子输出阅读所得的活动任务。例如,不少孩子喜欢在社交平台上分享状态,渴望被了解、被认可,可建议孩子开设一个"豆瓣"账号,定期写一些书评,看看会不会收到点赞,还可以和孩子一起在"小红书"社交平台做个读书博主,定期分享阅读心得……互联网时代,我们与外界分享的渠道日趋多元,获得成就感的活动方式也愈加丰富。

三是建关联。我们爱上一件事的一个原因通常是感到这件事对生活很有用。不少孩子讨厌某些学科,理由就是:"我学这个干什么?又没有用。"阅读也是如此,有的孩子会产生类似的心理。那么,帮孩子建立阅读和生活之间的关联,也是帮孩子创造阅读成就感的一种方法。比如,孩子最近在读历史书,不妨带他到相应的历史文化景点逛逛,让孩子感到原来读书对旅游也有帮助,以前只能瞎逛瞎看,现在却能看明白了。

三、用四个贴士帮孩子挤出阅读时间

贴士一:提高阅读优先级

如今的孩子在各类课外活动中分身乏术,其中,参加提升班占据了许多孩子大量的时间。每个人的时间和精力都是有限的,我们必须把它们用到更重要的事情上。那么,阅读和参加各类提升班,哪个更为重要?可能不少家长和孩子在升学压力之下,都认为后者更重要。毕竟,从短期看来,阅读所谓的课外书似乎对学业提升没有用处。我们不妨再来看一则案例。

"不砸钱"的学霸

T校2020届毕业生小宇以600分高分考取了市重点中学,当时媒体还报道了这件事。因为小宇来自普通家庭,爸妈开了一间小店,忙于生计无暇陪读,也很少给孩子在学业上花钱,所以很多人好奇这样一个"不砸钱"的孩子是如何成为学霸的。

这篇报道揭晓了问题的答案:小宇的妈妈虽然只有高中学历,却是一位充满智慧的母亲,她用言传身教帮助孩子养成了许多好习惯,其中包括阅读。报道中写道:她时常和儿子同看一本书,还和小宇一起写读书笔记。她告诉记者，自己虽然学历不高，但从小热爱写作，在老家的时候，她时不时在报纸上发表文章……下课了，很多孩子爱打打闹闹，小宇总是拿出一本书，安静地看着，天文地理，看得很杂。

小宇有爱读书、不补课、是学霸三个特点。这在一定程度上印证了前文提及的"阅读能力越强，学习能力越强，学业表现越优秀"。为什么呢？因为专注力、韧性和耐久力、尽力完成艰巨任务的能力、处理多项任务的能力等对孩子的学业成绩非常重要，且随着孩子长大，学业难度增强，其重要性越发凸显。而阅读正是需要调动上述能力的一件事，当孩子坚持阅读，他就在渐渐习得上述能力，从而获得良好的自学能力。而且，一个喜欢读书的孩子往往是明事理的，他非常清楚学习的重要性，从而能保持学习热情，不需要家长整日督促。因此，家长不妨把阅读放在孩子课余活动的第一位，把挤占阅读时间的一些不必要的事情从孩子的日程表上删除，将阅读时间还给孩子。

贴士二：控制好"屏幕时间"

当下挤占孩子时间的另一事物是电子产品。不少孩子会花大量课余时间看短视频、打游戏、发微信，在阅读专家爱莉森·戴维的著作中，这被称作"屏幕时间"。孩子一旦空闲下来，在阅读和电子屏幕之间，他们更有可能选择的自然是后者。因为相比需要调用心、眼、脑的阅读，看短视频、打游戏等更轻松，带来的刺激也更强，很容易让人沉迷其中。即使不是为了匀出阅读时间，仅仅从孩子的身心健康考虑，家长朋友也必须重视对孩子屏幕时间的控制。我们可以采取以下措施：

一是制定明确的规则。具体是指孩子每天接触电子产品的时长、时段、条件等。这样的规则，在孩子越小的时候制定出来越好，例如六七年级，甚至更早。等到孩子进入八九年级，对于电子产品可能沉迷已久，且青春期的他们往往不服气家长制定的规则，那么纠正起来难度更大，需要家长下更大的决心、花更多的精力。

二是家长以身作则。青春期孩子在面对家长、老师时已经开始带有质疑的目光，如果教育者不能让孩子心服口服，他们是不会像儿时那样温顺听话的。所以，帮助孩子放下电子产品、拥有更多阅读时间的一个方法就是家长以身作则，控制自己的电子产品使用时间，多拿起书本，为孩子树立榜样。

贴士三：调整读物的品类

一般来说，阅读整本书对孩子更有益。但如果孩子的时间实在紧张，我们也可根据情况调整孩子读物的品类。

当孩子的碎片时间居多，或没办法每天都抽出时间（即两次阅读间隔有点久），静静地连续阅读一整本书时，不妨读一点短文集、报纸杂志等。这些读物短小精悍，利用碎片时间就能读完，孩子也能从中感受阅读的快乐。如果孩子每天有不少时间花在路途上，可以试试听书的形式。孩子在上下学路上边走边听，也是能够收获知识、拓宽眼界、产生思考的。但是，长期来看，还是更建议培养孩子阅读一整本书的习惯，这比读短文、听有声书更有益。

贴士四：相信坚持的复利

如果家长愿意采纳上述贴士，相信大多数孩子每天或多或少都能抽出时间留给不同形式的阅读。无论是两小时、一小时，还是半小时，甚至是 15 分钟，长期坚持下来，它的复利都将是十分可观的。哪怕每天挤 15 分钟，坚持一周就是 105 分钟，用来读完几本杂志或一本小书是足够的。而这些杂志和小书又将引领孩子走向更丰富、更有深度的阅读，获得更深厚的智慧。

我们建议家长用三个关键词帮助孩子爱上阅读，用四个贴士帮助孩子挤出阅读时间（见图 4-1）。

也许家长朋友会说："培养孩子的阅读习惯，听下来并不轻松啊！谈

图 4-1　帮助孩子爱上阅读　（简娜　绘）

何省心?"的确,要培养这个习惯,学校和家庭都需花费一定的时间和精力。但是,只要孩子养成了阅读的习惯,爱上了阅读这件事,他后续的学习和生活都会越来越顺利。从长远来看,我们对孩子的教育将会事半功倍,一举多得,岂不谓省心?

古诗云:"最是书香能致远。"让我们携手合作,共同为孩子的成长之路添上缕缕书香,助力孩子赢得更美好的人生。

第二节 一起运动一起玩，亲子互动更有趣

黄嘉程

扫码观看课程视频

在平时的生活中，我们往往会和孩子说"一起去运动下吧"，孩子的回答却是"不去，不想动，好累，好无聊，一点意思都没有"。还有些家长会这么说："快中考体育了，妈妈给你报了个加强班，去动一动吧！"孩子却推辞道："作业还没有写完，等写完之后再去吧。"这些场景大家是不是觉得很熟悉？

总而言之，在家庭运动上，我们家长是在陪同，但还未达到陪伴。

陪伴，就是要做孩子的伙伴，接下来让我们来看看如何做孩子的伙伴吧！

大家肯定会问：家长运动陪伴，一定要陪伴孩子做一样的运动吗？

可能从字面的意思上说，家庭运动是大家一起去参与一项运动。就实际情况来说，孩子会去参与一些比较有挑战性的运动，然而有些家长的年龄比较大，下班后比较累，无法真正做到一起参与。那么家长可以在孩子参与运动的同时，自己去做一些力所能及的运动，这相当于家长成为孩子的伙伴。之前我做篮球教练的时候，孩子学习打篮球，家长在旁边场地打打羽毛球，无形中也起到了示范带头的作用。

不是只跟着他，不是监督者，而是参与者。怎么让陪伴变得有效？怎么去沟通？沟通也是一种陪伴的方式。以陪伴孩子上篮球课为例，假设你就在边上坐着，你的孩子抢断成功，并完成了一次漂亮的三分进球，当他回头看向你的时候，你是在刷手机，还是给予一个肯定的大

拇指，面带微笑地鼓掌庆祝？这两种情况，哪种会给孩子带来更好的认同感呢？

我相信肯定是后者吧！那让我们一同来思考：为什么会出现这种情况呢？大家都深知运动的重要性，但却从未真正去重视。很多家庭可能存在以下几种情况：（1）家长因为工作繁忙，无法抽空关注孩子运动锻炼的需求；（2）家长自己也无法坚持陪伴孩子进行运动，无法做到以身作则的示范；（3）孩子到家后，不愿意外出进行体育锻炼；（4）基本的跑步、跳绳、打篮球等无法满足孩子的兴趣；（5）需要一定技能的运动，比如滑板、篮球、攀岩等，家长无能力去进行陪伴。

分析下来大家会发现：首先，家长与孩子缺乏沟通，会让孩子拒绝进行家庭运动；其次，孩子对传统运动可能兴趣不大；最后，在组织家庭运动后，如果不能继续坚持，也会导致出现其他问题。

一、陪伴运动的原则

我问过班上的孩子们一些问题，比如："你们现在跟爸爸妈妈沟通有多少？吃饭的时候会聊学校的事情吗？""不会。""爸爸妈妈跟你说得最多的是什么？""快点去写作业。"其实家长是一直陪在孩子身边的，包括陪着写作业。但拿着手机在刷，跟孩子之间交流很少，这样的陪伴不是很有效。回到有效的概念中，通过体育运动项目，你可以了解孩子的需求，也可以看到孩子喜欢什么、不喜欢什么，他的个性性格是怎么样的，可以增加亲子之间的感情。所以我觉得可以从运动方面更有效地陪伴孩子，而不只是监督作业，帮助孩子养成沟通习惯。

比如玩滑板，如果孩子有需求要报班，爸爸可以跟孩子一起去报班，一起去学，一开始都是零基础，爸爸和孩子可以一起去研究探讨。学完之后可能爸爸还是学不会，孩子先学会了，孩子就可以作为一个教练，教爸爸动作技术。如果爸爸先学会了，孩子不会，这个时候爸爸可以鼓励孩子努力坚持，让他学会。这个过程中家长与孩子不一定是竞争的关系,而是平等的伙伴关系,这样孩子能更好地接受家长的建议,也能更好地表达自己的想法。

当然,不是说运动完就结束了,可以延续一些周边的互动,如学习欣赏比赛,了解比赛规则。运动中的获得感也很重要。家长跟孩子们运动的时候,一个眼神、一个动作、一句话都有可能让他喜欢上这项运动。

也有一些家长存在这种困扰:我的孩子对运动就是三分钟热度,玩了几次就不要玩了。

时间周期没必要固定,孩子有可能三分钟热度,只要是他喜欢的,我们就遵循他的想法,让他继续。如果他说"爸爸,这个东西我今天尝试了一下,感觉不是很好",这个时候我们也不必立刻换,而应该让他再试着感受一下。换句话说,也许孩子今天玩的不适合他,但不能说放弃就放弃,家长可以稍微适当地引导,让孩子多次尝试。毕竟运动只是一个兴趣,不是比赛,不像学校里一些必修项目有考核,孩子不会肯定不行。不过家长也要适当地坚持一下,这是培养孩子意志的一种方法,在坚持的过程中,家长可以观察孩子是不是努力去尝试了,毕竟学习过程中的态度是很关键的。

有家长会问:"我怎么邀请孩子一同去参加运动呢? 他原本就不愿意去运动,更别提多次尝试了!"没错,如果今天突然跟孩子说"我们下去运动一下吧",孩子肯定会觉得奇怪。大家还记得沟通吗? 我们可以通过沟通先了解孩子的喜好和兴趣所在,然后这样提议:"我们今天和你的好朋友约好一起去公园露营,带上你爱吃的美食,顺便体验一下之前你想尝试的体育运动。"孩子发现爸爸妈妈把自己喜欢的运动放在心上,再加上有了小伙伴的陪伴,他对自身的认同感会更强烈,从而不由自主地答应这个提议。

二、家庭运动项目推荐

当孩子愿意参加了,我们再来看看室内室外可以参加哪些运动。

在室内,我们可以跟着孩子做一些简单的体能练习,比如深蹲、弓箭步、提膝、踏步等,让孩子选择自己喜欢听的歌曲,在音乐的伴奏下一同完成。简单的体能动作可以有多种不同组合,有助于培养孩子的创新意识和对音乐的欣赏能力。

在室外,我们可参与的运动更丰富,有飞盘、滑板、骑行、徒步、散步、足球、跳绳、羽毛球、篮球、游泳、冲浪、放风筝等。

孩子若有兴趣尝试,或者本身就喜欢的,这些运动肯定是首选。

下面给大家介绍几个家庭运动项目。

1.《少年》韵律操

我校将自编韵律操《少年》融入大课间活动,邀请孩子作为老师进行教学,家长陪同孩子一起锻炼。例如,有一个孩子一边在电视上播放教学动作的视频,一边用语言和肢体动作带着爸爸学习韵律操,在教学过程中还主动对爸爸的动作进行纠错。当然,这位爸爸的表现也很棒,他能虚心接受孩子的建议,并认真对待这次学习的机会,与孩子的关系在无形中变得更亲密。

居家室内的时候,我们可以跟着音乐一同完成韵律操。当然,我们也可以在室外,比如带孩子出去游玩时,找一片空地,打开手机,播放音乐,随时随地来一段韵律操,调整身心。

2. 孩子喜欢的常见户外活动

我们还可以让孩子们享受自然。比如:买好材料与孩子一同制作风筝,然后到公园一起放风筝;到户外一起捡树叶,一起制作一幅树叶画;还有踩影子、老鹰抓小鸡、吹气球、打"保龄球"等,家长可以带着孩子体验自己小时候玩的游戏,顺便讲述自己小时候的故事。

三、家庭运动的意义、注意事项和建议

1. 需要明确家庭运动的意义

家庭体育是健康生活的开始，是幸福生活的保证。由于家庭是青少年儿童长久生活的场所，青少年儿童身体素质如何，首先取决于家庭体育的开展情况。家长在家庭教育过程中，要充分重视家庭体育，使孩子拥有健康的身体。

学校体育是基础，而家庭体育是学校体育的扩展和延续。在学生时代，学生要接受学校里系统的、具有一定强制性的体育教育。在家庭里，他们可以熟练运用已掌握的体育技术和已学得的体育知识发展广泛的体育兴趣。只有把学校和家庭相结合，学校体育的效果才能充分发挥出来。

家庭体育可以促进学生个性的形成和发展。参加体育活动需要一定的自发性和耐心，长期坚持对个性的影响很大。国外很多研究表明：一个人幼小时期所获得的户外游戏的经验，能够促使他长大以后积极参加体育活动。参加体育运动能提高孩子的体能和技能，培养孩子勇敢、果断、灵敏、聪明、机智等品质。由此给孩子带来的成功的喜悦和满足感，以及伙伴的肯定和赞誉，能更好地促进他们个性的形成和发展。在家庭体育活动中，既要接受来自客观环境的影响和制约，又可以进行自我意识的调整，更积极、自觉地参与，以达到增强体质、提高技能的目标。这是促进个性形成与发展的过程。①

从生理上说，运动能改善身体机能，比如改善心血管功能、增强肺功能、提高人体供氧能力、促进消化和代谢功能、促进动作协调、增强抵抗力等。对生长发育中的孩子来说，运动就像阳光、空气和水一样，是他们健康成长的原动力。从心理上说，运动有助于孩子增强自信心、责任感、

① 李超.浅谈现阶段的学校体育学[J].当代旅游,2018(10):267－268.

荣誉感和合作精神,培养持久性、果敢性、自制力、独立性等个性品质,使他们开朗乐观、精神振奋、充满生气。体育运动还可以帮助孩子缓解学习压力,消除心理疲劳,释放不良情绪,得到身体上的放松和心理上的愉悦。从社会交往上说,孩子参加自己喜欢的或者擅长的运动项目,不仅可以锻炼身体,还可以融洽与伙伴、家长的关系,养成与他人合作的习惯,增强社会适应能力,为未来走上社会打好基础。从培养道德规范上说,体育运动是一种特殊的社会文化活动,不仅为孩子提供社会生活需要的行为能力,而且可以让他们学到社会生活的一般规则,培养他们尊重权利、履行义务的意识,形成正确的价值观和道德观,理解公平竞争的含义等。从提高生活质量上说,体育运动具有很高的娱乐价值。现代体育项目大多具有挑战性、刺激性、冒险性、新颖性、趣味性等特征,是人们在激烈竞争中表现自我、张扬个性、施展才华的重要方式。孩子们在体育运动中所获得的身心的满足和愉悦,往往是在课堂上和书本学习中很难获得的。①

参加家庭运动时,家长能更好地了解孩子的需求和个性以及这个阶段的孩子的内心想法,同时增进亲子沟通,达到一同强身健体的效果,还能在沟通交流中学会如何和孩子相处。

对整个家庭来说,这是一份美好的回忆,可以通过视频或照片的形式进行记录,等孩子长大后一起回顾当时玩耍的情景,该多么有趣啊!

2. 运动时的注意事项

运动时会有很多同伴,需要注意很多细节。同伴陪伴的原则和注意事项见图 4-2。

---

① 关颖.别跟孩子对着干——儿童权利视域中的家庭教育[M].广州:广东教育出版社,2021.

图 4-2　同伴陪伴原则和运动注意事项　（简娜　绘）

首先,记得夏天穿着轻便服装,便于活动玩耍,注意防晒,戴上遮阳帽和驱蚊药,多喝水,控制运动量。夏天天气炎热,在户外活动过久,中暑是常见的现象。中暑是指在高温和热辐射的长时间作用下,机体出现体温调节障碍,水、电解质代谢紊乱及神经系统功能损害的症状。在烈日下暴晒、缺水等都有可能造成中暑。冬天注意运动时适当脱去外套,运动后及时穿上外套,以防一冷一热造成感冒。其次,记得携带常用必备药品。户外玩耍突发状况多,孩子活泼好动可能会导致擦伤磨损,且有时户外路途遥远,一旦出现不适就医不便,因此家长每次出门应携带常用必备药品。最后,记得做好清洁工作。户外活动回来后,家长和孩子往往全身脏乱,即使表面看不出来,但汗渍、污渍等粘在衣服、皮肤上也容易滋生细菌,因此家长回家后要做好清洁工作,尤其是身体和物品。

3. 家庭体育锻炼的小妙招

（1）孩子早晨起床后,用三五分钟时间伸伸懒腰,做做徒手扩胸、伸展、体转、踢腿等基本体操,既能快速消除睡意,又能起到健身的作用。

（2）尽可能让孩子徒步上学，既准时、经济，又有良好的健身效果，但前提是要保证孩子路上的安全，家长可根据孩子年龄大小和体质强弱，将步行速度控制在 0.6 千米～1 千米/10 分钟。一般情况下，20 分钟以内的步行路程都是比较适宜的。

（3）放学回家后，利用晚饭前二三十分钟，引导孩子进行一些对抗性、趣味性较强的运动项目，如球类活动、跑跳游戏、踢毽子、跳绳等。

（4）晚上孩子做功课的间隙（可抽一刻钟）在家里进行一些徒手或小器械的练习，男孩可以进行俯卧撑、引体向上，女孩可通过仰卧起坐、仰卧举腿、呼啦圈等进行身体锻炼。

（5）天气好的日子，家长陪同孩子一起放风筝、骑车、跑步，一边锻炼一边领略自然风光。

快去尝试一下，带着孩子运动起来，相信你们能成为孩子的伙伴，进行有效的陪同，行动起来吧。

第三节　再见吧！慢腾腾和乱糟糟

尹伊人

扫码观看课程视频

先给大家讲一个故事：有一对兄妹，妹妹叫"慢腾腾"，哥哥叫"乱糟糟"。每天早晨上学前是全家最紧张忙碌的时刻。"乱糟糟"叫嚷着："文具盒不见啦！"妈妈埋怨道："昨天为什么不准备好！""乱糟糟"一边嘀咕着"昨天明明放进书包里了呀！"一边在到处都是玩具的地板上寻找文具盒。时间紧迫，妈妈喊来爸爸，爸爸喊来爷爷，爷爷喊来奶奶，全家出动去找文具盒。"找到啦！""乱糟糟"哈哈大笑，"我想起来昨天把它放在大黄蜂那里啦！"疲惫不堪的家人们望着大笑的哥哥哑口无言。

"啊呀，妹妹还没起来呢。"奶奶焦急地嘟囔着。"快起来吃早饭啦，要迟到了。"在奶奶一遍又一遍地催促下，睡眼惺忪的"慢腾腾"开始慢悠悠地穿着打扮，先从衣柜里翻出干净的校服，再从抽屉中拿出长筒袜，接着从书包里找出红领巾。不知过了多久，穿着整齐的"慢腾腾"终于从卧室移驾到了盥洗室，慢条斯理地选择牙膏的口味，开始洗漱。"妈妈，妈妈，快来！帮我看看选什么样的发卡好看！是戴这个粉色的蝴蝶结发卡还是那个闪闪的珍珠发卡？""慢腾腾"陷入了两难境地。时间一分一秒地流逝，从不偏袒任何人，妈妈只能把早饭装进食品袋，让"慢腾腾"在上学路上吃。

各位家长，你的家中是否也有"慢腾腾"或"乱糟糟"呢？你是否也为这些事情而烦恼呢？图 4-3 能够帮助你教会孩子自觉主动地快速收纳。

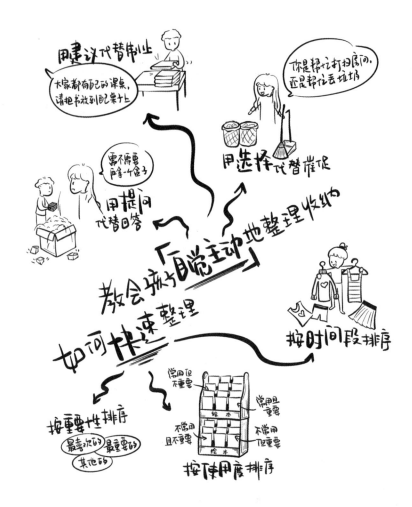

图 4-3　教会孩子自觉主动地整理收纳　（简娜　绘）

一、如何让孩子自觉主动地整理收纳

　　相信很多家长平时也会督促孩子说："你的房间太乱了，赶快去收拾一下！"但孩子就像什么都没听到一样，慢吞吞地说："知道了，知道了，我过一会儿就理。"然后仍然只顾着自己玩耍。

　　那么，我们如何让孩子自觉主动地整理收纳呢？这里为大家提供三种方式：(1)用建议代替制止；(2)用选择代替催促；(3)用提问代替回答。

1. 用建议代替制止

"不要跑！"我朝一个在潮湿的走廊里奔跑的男孩喊道。可这个头发湿漉漉的男孩仿佛没有听见一般，一溜烟跑进了教室。又是烟雨迷蒙的一天，一阵疾风向我袭来，上次那个调皮的男孩正和同学你追我赶，差点要扑进我的怀里。"站住！"男孩闻声猛地停下脚步，我默默注视着他，他似乎意识到自己的行为不妥，微微低下头说："对不起，老师，我不应该在走廊里奔跑。"我严肃地追问道："这样做容易产生哪些后果？"他支支吾吾地说："容易摔跤，还会撞到别人。"随后，我目送他慢慢走回了教室。每当提醒自己不要胡思乱想时，脑海中总会不由自主地反复思量；每当我们说"不要乱动"时，孩子反而会更喜欢动，并把这个"不"字自动过滤，转而关注后面的部分。那一瞬间，有些孩子可能并不清楚"不"的反面是什么，不知道接下来应该做什么，于是索性对"不"的指令充耳不闻。

自从明白这个道理后，我就很少直接对学生说"不要乱扔书本"这样的话了。当你说"不要乱扔书本"时，其实就是在孩子的意识里不断强化乱扔书本这个动作。不要乱扔书本，那应该怎么做呢？这才是孩子真正想要知道的。我会告诉他："教室是大家共同学习的地方，每位同学都有自己的课桌，请你把自己的书本好好放到自己的桌子上，在传递本子的时候用手递过去，以免划伤同学。"当我这样去沟通的时候，孩子往往会表现得比较合作。

同样，家长如果总是把"不要""不行""不可以"这样的话挂在嘴边，孩子就会感到自己被约束，总是在犯错误，亲子关系也会变得疏远，从而影响孩子的自信心。从"不"到"是"的思维转换，可以让我们与孩子之间的沟通变得更有效。

2. 用选择代替催促

步入初中阶段后，孩子做家务的能力其实已大幅提高，但他们似乎也变得越来越懒惰了。现在的初中学业繁重,孩子们想做的事情也越来越多。回想起上学时的自己,我似乎也能理解他们认为做家务很麻烦的心情。尽管如此,我们依然希望孩子可以整理收纳好自己的东西,在舒适干净的环境中学习生活。

怎样才能让孩子欣然地去整理收纳呢?关键是使用二选一的方法来分派任务。比如:"今天我们要进行大扫除,你是帮忙收拾衣服还是收拾乐高,帮忙打扫房间还是帮忙丢垃圾",诸如此类二选一的方法不会给孩子带来压迫感,反而让孩子感觉自己有主动权,有选择的余地,从而能够愉快地进行选择。当孩子做出选择后,我们就可以进一步与他确认大概什么时候可以完成,在时间上给予他一定的宽松度。如果一味地问他什么时候做,青春期的孩子很可能用"我正准备做"来应付家长的催促。

希望孩子做一件事情的时候,我们可以给他一个选择,比直接命令有效;不希望孩子做一件事情的时候,我们可以给他一个选择,比直接拒绝有效。当孩子发现可以自己做决定,他们会变得积极主动,可能原本不想做、懒得做的事情也变得愿意做了。

3. 用提问代替回答

孩子横七竖八地往一个盒子里扔玩具,最后发现放不下。这个时候,你也许会忍不住告诉孩子:"把不常用的、体积大的朝同一个方向放在下面。"这样做看似解决了问题,实则孩子因此失去了一次思维锻炼的绝佳机会。

孩子在独自尝试的过程中遇到了问题,只要他还在想办法,我们就要忍住想要帮忙的冲动。如果孩子说"好像放不下",我们也不要直接给出答案,可以反问他:"你觉得还有什么办法吗?"鼓励他独立思考,不断尝试。[①]

如果孩子最后还是没有想出办法,我们可以适当给些提示:"摆放的

---

① 蚂小蚁.教孩子学整理——从收拾玩具到管理自己[M].北京:化学工业出版社,2020.

顺序、方向是不是可以调整一下?""需不需要再拿一个盒子?"即使在这个过程中孩子得到了提示,他们同样能体会自己找到答案的成就感:"看,我把它们放好了! 你看我厉不厉害!"

用提问代替回答,可以得到孩子更为积极的回应。站在和孩子有点距离的位置,当我们尝试以旁观者的视角去参与孩子的整理,也许会从孩子那里得到意想不到的答案。而对于自己想出来的方法,孩子也会更愿意执行。

二、用三"序"法教会孩子快速收纳

很多家长抱怨自己让孩子去整理,孩子却说:"我觉得不乱呀,挺好的。"可见孩子分不清"乱"和"不乱"的概念。或者孩子开始整理了,但是慢慢吞吞,整理了半天没有什么变化,不得其法。针对这两种情况,我给大家一些招数。我们不仅要让孩子理解为何要"有序",更要教会孩子如何快速整理,掌握整理的原则。

回忆我自己的童年,在暑假里除了完成作业、玩耍嬉戏外,我还会和爸爸妈妈一起做家务。家长也会因此夸我,这比考试获得满分更令我满足。我觉得自己真正成为这个家的一员,自己是被需要的,是不可或缺的。看着整洁舒适的环境,闻着空气中淡淡的芳香,我的心灵变得更加放松宁静。

我相信每位家长都希望孩子能把自己的物品管理得井井有条,把自己的空间打扫得干干净净,而不是一回到家,衣服背包乱扔一地,躺在沙发上一边玩手机一边等吃饭。

在我教的班级里就有比较明显的差别:有些孩子课桌总是非常凌乱,每次找要用的材料要翻很久,还不时掉出许多垃圾;而有些孩子整理得特别干净,课本、练习册、作业本等分门别类放置,甚至贴好标签,每科零散的学习材料用不同颜色的文件袋装好,找起来十分方便。经过一段时间的观察与相处,我发现这些有整理习惯的孩子,在答题时通常较有条理,回答的思路也比较清晰,这样的孩子学习成绩自然不会差。因此,整理收纳的目的不只是将物品收拾好,而是让孩子学会梳理思绪,独立思考,提升真正的学习能力。

整理收纳可以让我们的生活变得更加高效有序。孩子在整理收纳时不自觉地就会使用到分类,这可以培养孩子的逻辑能力和秩序感,长此以往,孩子的思维就会发生变化,任何事情都不再杂乱无序,衣食住行都变得有条不紊,这对他们以后做事的习惯有着直接影响。到底如何快速整理收纳呢?

1. 按重要性排序

很多人会有这样的烦恼:当衣柜里的衣服快要塞不下时,即使知道自己根本穿不过来,也很难真正做到"断舍离"。打开衣柜,看着自己的衣服,思考哪些是不需要的,结果挑来选去,最后只选出两三件。

同样,伴随着成长,孩子的玩具越来越多,玩具箱里已装不下。怎么才能让孩子减少一些玩具呢? 你会怎么对孩子说出这个想法呢?

开头故事里的妈妈经常对孩子这样说:"明天是丢垃圾日,把你不要的玩具拿出来。""这个玩具你一直都不怎么玩,可以扔了吧?""这个都坏了,不要了吧?"但得到的回答常常是:"我没有要扔的玩具啊!""我正要再玩一下这个呢!"哥哥"乱糟糟"摆出一副马上要玩的样子,甚至还说:"最讨厌这样的妈妈!"孩子之所以这样说,是因为他认为妈妈想扔掉他最心爱的宝贝。

我们不妨试试下面的做法。

我们先把需要处理的玩具都倒出来,清空装玩具的箱子。让孩子挑选最喜欢和最重要的玩具,放到玩具箱里。这样,玩具箱里装满的就是孩子珍爱的玩具,而多出来的、不需要的玩具也一目了然。虽然这两种做法得出的结果差不多,但孩子能深深感受到其意义的不同,因为这是他们自己做出的决定。

　　之后,对于玩具箱外的玩具,我们可以将它们先放入纸袋,暂时存放在孩子看不到的地方。过一个月后,再次询问孩子如何处理。随着时间的流逝,孩子与物品本身已经产生了距离,虽然可能会留下一些玩具,但至少不会留下袋子里的所有玩具。

　　因此,对于玩具的去与留,应从选择最喜欢和最重要的玩具开始。在有限的收纳空间中,其他物品也可采取类似的整理方法。

2. 按使用度排序

　　专注于培养学生条理性的教育专家唐纳·戈德堡曾经帮许多孩子纠正了不良的学习习惯。她发现,很多孩子不好好写作业的原因,并不是他们不想,而是他们总是弄丢试卷,找不到课本和笔。

　　对上学后的孩子而言,玩具越来越少,书本、学习资料和文具越来越多。这些东西甚至比家里的杂物还要多,还要琐碎。昨天刚买的笔今天就不知道哪儿去了,橡皮买一块丢一块,尺子、胶带总是“行踪不定”。孩子不是生来就知道如何去管理好这些物品的,需要我们为他们创造条件,并给予指导。

　　对于这些零散的杂物,我们首先要教会孩子区分常用和不常用。常用的只保留日常必需的数量,比如每种笔 2 至 3 支、橡皮 1 块、修正带 1 个、直尺 1 把。这些常用文具可以放在文具盒里,方便随时拿取。剩下的大部分不常用的文具可以放到抽屉里,用抽屉分隔来分类管理。用完文具盒里的,再从抽屉中拿新的出来用。

　　同样,孩子的图书随着他们年龄的增长会变得越来越多,而且我们总是抱着买了孩子就会看的想法,很容易冲动消费,觉得把各种书都搬到家里,书上的知识就进入孩子的小脑袋瓜了。良好的阅读习惯可以让孩子终身受益,但如果家里的图书收纳不当,可能反而会阻碍孩子养成阅读习惯。我们帮助孩子养成整理收纳的行为习惯,其实是在帮助他养成整理思路的习惯,从而提高执行力和条理性,在做其他事情的时候也能达到事半功倍的效果。

当然，希望孩子爱阅读，就不能把他常看的书像成人的一样全部整整齐齐地塞在书柜里。对孩子来说，只能看见书脊上的书名是没有什么吸引力的，也不方便寻找。现在很多书的封面都设计得非常有趣，我们可以采用展示型的绘本架，把漂亮的封面朝外摆放，孩子就可以轻松挑选，即便有时候只是无意间路过，也有可能因为被吸引而驻足。但绘本架也有它的缺点，就是容量通常比较小，塞太多的话会变得不好拿取。因此，我们可以将这两种方法结合起来：准备一个绘本架，再准备一个小书柜。

接下来，我们可以教孩子综合运用之前讲到的两个收纳原则，采用"四象限"法则来进行整理收纳。这个分类原则就在于事物是否重要、是否常用。第一象限是常用且重要，可以放在显眼就近的位置；第二象限是常用但不重要，可以放在就近但隐蔽的位置；第三象限是不常用且不重要，可以选择扔掉；第四象限是不常用但重要，可以放在隐蔽的位置。

我们可以和孩子一起来按"四象限"法则分别收纳书籍。那些孩子最近喜欢读的，可以以展示的形式收纳在绘本架上，在孩子的兴趣没有减退之前，便于他查找相关图书。而最近不常读，或者提前购买的超龄图书，可以直立收纳到书柜中。为了方便拿取，可以在中间多摆放几个书立，或者用几个文件盒分区。这几类图书可根据孩子阅读的需求定期进行置换。

整理图书的过程能让孩子对图书分类有更清晰的认识，思维的逻辑性、行为的秩序性都能够得到提升。如果从小建立这样的整理收纳思维，那么将来无论是工作还是生活，他都更容易打理得井井有条。

3. 按时间段排序

孩子在不断长大，他的物品跟我们的物品最大的不同之处在于：这些东西一直处于快速更新和淘汰的过程中。例如，孩子的衣物是无法做到不换季收纳的,今年夏天的衣服明年夏天八成就穿不下了。换季不仅是必需的功课,也是重新整理的好时机,家长可以和孩子一起整理穿不了的衣物,释放衣柜空间。

如果希望孩子平时能学着自己管理衣物,那么日常衣物的数量就不能太多。我们可以教给孩子换季收纳的方法,而不是把一年四季的衣服都胡乱地塞在一起。首先,和孩子一起将所有衣物分为冬、夏、春秋三类;其次,把当季的衣物放在好拿的位置,其他衣物放到衣柜高处或深处;最后,每年要进行四次换季整理,及时进行淘汰。

我们还可以教给孩子一些具体的折叠方法,长裙、连帽衫、长外套这些不方便折叠的衣物应直接悬挂起来,其他衣物则用直立折叠法收纳在抽屉里。可以告诉孩子,先把衣物变成长方形,再变成长方体,做个简单的示范,剩下的就让他们自己去发挥。每件衣服都不一样,但是总可以把它们叠成类似的样子,在这个过程中孩子也能感受到一定的乐趣。

与此相似,孩子的学习资料也可以在学期末定期整理。孩子每升高一个年级,都会增加新的学习资料,如果一直不整理,学习资料就会越积越多,一旦收纳盒放不下了就堆在桌子上,反而会影响日常学习。

每到学期末,我们可以和孩子一起整理上个学期的学习资料,确定没有用的草稿纸、练习册等可以直接处理掉,剩下必须保存的部分放入收纳盒,贴上标签,收纳在不那么方便拿取的位置,比如书柜高处或深处。有的时候,孩子在新学期可能会用到上个学期的资料,因此我们可以设定一个固定的期限(比如两年)对学习资料进行淘汰。例如,八年级时处理六年级的学习资料。

除了课本之外,我们可以让孩子保留少量有纪念意义的物品,比如第一次拿第一名的试卷、自己最喜欢的一篇作文等,作为孩子的人生物品,放入专门的纪念盒子,剩余的试卷手册等就可以直接处理了。[①]

从小到大,我们在课堂上学到了无数具体的知识,那些不常用的知

---

① 蚂小蚁.教孩子学整理——从收拾玩具到管理自己[M].北京:化学工业出版社,2020.

识已经遗忘得差不多了,最后留下来的是那些用来学习知识的方法和态度,是已经内化的自我管理能力,如观察力、判断力、执行力、自律能力、社交能力等。

哈佛大学曾对 400 多名少年儿童进行了 20 年的跟踪调查,发现从小善于做家务的孩子和不做家务的孩子相比,失业率之比是 1∶15,犯罪率之比是 1∶10,收入高出 20%,家庭生活更美满,心理疾病患病率也更低。孩子在参与家务、学会管理自己物品的过程中,也一样可以锻炼各种自我管理能力,甚至可以说,一点都不比在学校学到的少。正如美国著名教育家杜威所言:"一切人生日用的事,都是他们的教育。"①

今天我们谈了三种促进孩子主动整理收纳的方式:用建议代替制止,用选择代替催促,用提问代替回答;又交流了如何让孩子快速妥善地整理物品:先要让孩子理解为何要去整理,再告诉他可以用按重要性排序、按使用度排序、按时间段排序的原则进行整理收纳。接下来我们不妨立马去试一试吧!

希望能给大家带来一些启发,帮助孩子学会自觉主动、快速妥善地整理收纳自己的物品,让一切变得井然有序,提高学习及生活的效率,也让家长能收获幸福美好的生活。期待各位家里的"慢腾腾"和"乱糟糟"成长为"神兜兜"和"齐刷刷"!

---

① 蚂小蚁.教孩子学整理——从收拾玩具到管理自己[M].北京:化学工业出版社,2020.

第四节　三招破解家庭音乐密码

王　倩

扫码观看课程视频

在孩子的成长过程中，家庭教育是很重要的部分。在现代社会，随着物质生活水平的提高，人们越来越重视对孩子综合素质的培养。特别是在音乐教育方面，家庭对孩子的音乐启蒙、兴趣引导等都会影响孩子音乐兴趣及潜质的激发。教师在教学中要多与家长沟通，使其有意识地在日常生活中关注孩子音乐兴趣的培养与激发，并为其提供相应的音乐学习环境。[1]

提到家庭音乐教育，有的家长会说："家庭音乐教育可以帮助孩子建立健全的人格，在潜移默化中影响孩子的思想和行为。"有的家长会说："家庭音乐教育不仅能陶冶人的情操，还能发散人的思维，让人的心灵和智慧获得启发。"大家说得都很对。音乐中包含了无限的想象，蕴含着丰富的知识和道理，是传达美、发扬美的载体，可以调动人们的形象思维和抽象思维能力，协调人们的感官世界和认知世界。这些都是人工智能无法替代的能力，最终能促进孩子的全面发展。[2]

遗憾的是，很多家长并不知道如何激发孩子对音乐的兴趣，往往只是按照自己喜欢的方式培育孩子，最后导致孩子对音乐失去了兴趣。究其原因，一方面是家长对孩子进行音乐教育的目标不明确，另一方面是家长的教育方法不科学。

爱因斯坦曾说："音乐并不影响研究工作，它们两者都是从同一渴望

① ②　周晓蓉.浅谈小学音乐教育中家庭教育的重要性[J].当代家庭教育,2020(4):1.

之泉摄取营养,而它们给人类带来的慰藉也是互为补充的。"从古到今,热爱音乐的名人不胜枚举。例如,量子物理学的开创者马克斯·普朗克对音乐有着非同一般的兴趣。科学家钱学森先生是著名的古典音乐爱好者,其夫人蒋英则是音乐教育家。周末时,他们常常会举办家庭音乐会。诺贝尔奖获得者屠呦呦的一张照片里,没有奖杯,也没有医药学相关的点缀,最醒目的是一架钢琴,她娴静地侧倚在钢琴边上,从容而淡雅。在很多名人的生活中,音乐总是形影不离。我们能肯定的是,通过音乐训练磨砺出的优秀品质,如团队合作能力、聆听能力、创造能力、冲突协调能力,对孩子来说,都是宝贵的财富。

然而,在实际生活中,我们经常遇到以下情形:有人在欣赏音乐会时打起了瞌睡或玩起了手机,难以理解音乐家所演奏的音乐;有人在欣赏舞台音乐表演时无法理解指挥家或演奏家夸张的动作;有人看乐谱就像是在看天书一样,完全不知道音乐想表达的意思;孩子好不容易完成作业,根本想不到用音乐来放松身心。在家长都不太懂音乐的情况下,他们根本不知道该和孩子聊什么与音乐相关的话题。

那么,非专业的家长能做家庭音乐教育吗?我可以很肯定地告诉大家,这是完全可以的。接下来,我将教各位家长用三招来进行家庭音乐教育,破解其中的密码(见图4-4)。

图4-4 三招破解家庭音乐密码 (简娜 绘)

一、轻松巧妙寻找音乐资源

一是可以利用搜索引擎。我们已经进入信息爆炸的时代，在互联网上可以找到层出不穷的信息。家长可以从互联网上给孩子找一些经典的音乐类电影或动画。这些作品把审美艺术与教育价值融为一体，剧情丰富，极具想象力和艺术表现力，非常适合家长周末和孩子一起观看。家长可以和孩子一起探讨喜爱的人物角色、钟爱的歌曲，聊一聊里面的歌词内容，甚至一起演唱。这些活动都能拉近亲子关系，营造良好的家庭音乐氛围，缓解孩子一周高强度的学习生活。这里给大家推荐一些经典的音乐类电影或动画：（1）家喻户晓的《猫》，其中经典的唱段《回忆》深入人心；（2）《音乐之声》中玛利亚与上校一家的相处过程是用多首美妙的歌曲串联起来的；（3）迪士尼乐园经典项目晶彩奇航里的音乐。这些音乐都能引发孩子的共鸣。

二是可以利用手机上的应用软件。如今，不少孩子从小就开始学习乐器。多年的乐器素养积累让这些孩子对音乐有更高的敏感度。有了这种良好的认知基础，家长可以借助手机应用软件进行音乐知识的扩充。例如，可以借助一些优秀音乐科普栏目引导孩子了解古今中外的优秀作品，让孩子了解自己所演奏的作品背后的人文背景；还可以借助乐理小课堂中的听音、乐器音色听辨、节奏训练等功能，提高孩子的音乐学习能力。

三是可以利用一些通俗易读的音乐类书籍。推荐阅读《流影留声：电影音乐经典鉴赏》《穿 T 恤听古典音乐》《给孩子的音乐故事》《傅雷家书》等。这些音乐类书籍可以让青少年了解人物传记、生平细节，开阔视野。

总之，在日常生活中，家长要多引导孩子通过多种途径获取音乐资源，让孩子在体验的过程中发散想象，动手动脑实践。这不仅能增加孩子对音乐美学的认知，也能提升孩子的注意力、记忆力和创造力。久而久之,孩子的价值情操便能得到升华,形成正确的价值观。

二、善于聆听,挖掘音乐潜力

一首通俗易懂的好歌往往情真意切,扣人心弦。在生活中,每个阶段都会有一些传唱度高的优质流行歌曲被大众喜爱。家长可以多关注当下的优质流行歌曲,增加和孩子之间的话题,拉近彼此之间的距离。在孩子回到温馨的家后,吃饭时、入睡前、周末闲暇时,家长都可以和他们共同欣赏、练唱。家长和孩子可以借助一些手机唱歌软件比拼谁的演唱水平高,亲子对唱更是能增添家庭乐趣。有乐器基础的孩子可以和家长合作演唱,开一个小型音乐演唱会。唱歌能够净化身心,释放疲劳。

当今的教育改革比任何一个时期都更加关注培育孩子的核心素养。重视并挖掘音乐创造力是一个人可持续发展的重要标志。然而,在目前的音乐教育中,部分家长只关注孩子音乐技能的提升及各类音乐比赛的成绩。这种功利化的思想使家长忽略了音乐的功能及其对孩子身心发展的积极作用。这也在一定程度上抑制了音乐对孩子健康情感的构建,影响了孩子音乐智能的健康发展,不利于激发孩子的音乐潜能及创造力。音乐思维具有跳跃性,能激发人的瞬间灵感,在人发明创造的过程中,常常发挥关键的启发作用。如今,很多电子产品都自带"音乐制作"软件,无论孩子是否有乐器基础,家长都可以放手给孩子提供创作的空间,抓住可以鼓励赞许的机会,让孩子在一次次创作中找到自己擅长的风格,了解不同音色的特点。

音乐源于生活,在业余时间,家长可以启发孩子探索生活中的音响世界,如用厨房里的物品练习打击乐,在水杯中放入不同量的水构成不同的音高,用身体律动为歌曲做节奏伴奏等。家长和孩子可以亲子合作,分饰不同声部,演奏出独一无二的生活音乐。

家长在家庭教育中培育孩子的音乐素养不能生搬硬套,而是要根据实际情况进行调整。在这个过程中,家长要与孩子充分交流沟通。例如,对音乐剧中的内容,孩子可能会因为缺少相应的经历而感到疑惑,这时,家长直接要求孩子去感受其中的美感是不现实的。家长可以结合生活经验为他们讲解剧情的含义,甚至可以组织不同家庭之间的交流,邀请几个家庭共同参与家庭音乐日活动,分享音乐欣赏经验。

三、一家人走出去,开阔眼界

如果说丰富的展演场地构成上海演艺大世界的"躯壳",那么优质内容就是上海演艺大世界的"灵魂"。在上海,每年都有大量的国内外音乐演出和表演,同时也有越来越多的高水准的原创作品问世。中国优秀的文化故事,如《李白》《孔子》《画皮》都被搬上了艺术舞台。家长和孩子观看这些演出后,可以一起讨论与电影以及这些音乐作品相关的知识,将丰富孩子的音乐知识与音乐教育结合起来,不断提升孩子的音乐综合素养。

在上海举办的音乐会主题越来越多样化。为了普及音乐,不少音乐会的形式也越来越丰富。例如,交响乐队与多媒体巨屏相交织,呈现经典动漫、电影片段的现场演奏;上海音乐厅有以家庭为主题的音乐会,还有场馆参观的活动。此外,还有大量以孩童视角为演奏主题的音乐会,如《胡桃夹子》《动物狂欢节》《罗马之松与鲸鱼》等。家长不妨做个有心人,帮孩子甄选出优秀的音乐舞台节目,走出家门,打开孩子们的艺术视野。同时,可以给孩子提供表演自我的平台,让我们的青少年从小积累的乐器素养有展现的舞台,增加舞台表演经验和音乐体验,丰富他们的人生经历。

吴冠中先生曾指出:"中国的文盲已经不多了,但美盲却不少。"这句话深刻地揭示了当前社会的一个问题:尽管识字率高,但对美的感知和欣赏能力却有待提高。家庭是构成社会的基本单位,可以说,教育功能是家庭社会功能中的一项重要内容。遗憾的是,很多家长往往认为自己不懂音乐而忽视了家庭音乐教育的重要性。在家庭音乐教育中,家长才是孩子最好的良师益友,因为家长与孩子在一起的时间长,孩子可以耳濡目染接受家长的熏陶。人们喜爱音乐,是因为它具有多种艺术功能:一是音乐的审美功能,它可以有效净化人们的心灵,并促进其艺术审美素养的提升;二是音乐的超现实功能,可对人们集体劳动的凝聚力产生良好的推动作用,有助于消除疲劳,使人们感受劳动的快乐;三是音乐的教育功能,有助于促进人类大脑发育及心理健康,构建和谐人际关系。同时,音乐有助于促进儿童的身心健康,使儿童逐步形成丰富的审美情感。[1]

相信大家通过以上的方法已经了解到如何让家里充满音乐氛围。教师与家长应共同承担起对孩子的音乐教育,并就教育内容进行有效沟通,以做到家校合作,共同为孩子的音乐教育创造一个轻松、良好的环境,设计选取有益和适宜的内容展开音乐教育。具体来说,我们可以采取以下措施:(1)寻找资源,借助网络资源引导孩子去创造音乐、了解音乐、发现音乐的美;(2)挖掘潜力,借助应用软件引导孩子进行音乐创作,亲子一起做音响互动游戏,用生活中的物品来探索音乐;(3)走出去,开阔眼界,借助丰富的场馆资源和各类音乐文艺演出培育孩子的音乐素养。无论是带孩子观摩学习,还是给孩子提供展示艺术修养的平台,都可以加深孩子对音乐的体验。希望每位家长都能为家庭音乐教育创造一种轻松、良好的环境,不断提高孩子的音乐欣赏能力、表演能力和音乐综合修养。

---

[1]   周晓蓉.浅谈小学音乐教育中家庭教育的重要性[J].当代家庭教育,2020(4):1.

第五节　科学技术敢创新，家庭实验真开心

钱艺涌

扫码观看课程视频

在"双减"政策与素养培育的教育大背景下，孩子们正经历着巨大的教育变革，科学素养的培育也因此被提升到了新的重视高度。许多家长已经认识到孩子科学素养培育的重要性，但同时也会有一些困惑：比起科学素养，孩子的分数是不是更重要一点？

让我们来看这样一个场景：

一位初一学生的家长对孩子说："你看别人的孩子初一就已经把初三中考的物理课学起来了，你怎么就这么不开窍？"孩子低着头一言不发，不知道该说什么好。

这样的场景往往会出现在我们和孩子的沟通中，造成了亲子关系的紧张，甚至会让孩子对物理、化学学科产生抵触的情绪。诚然，孩子们提前开始数理化的学习，对他们的成绩会有一定的帮助。作为家长，看到孩子这么努力，一定很欣慰。然而，科学探究并不局限于课本中的知识点，更多的是在实践中探索、在发现中创造。如果孩子把这部分预习的时间放在对周围世界的观察、对感兴趣的问题的思索与研究上，或是进行有趣的科学实验和探究，更能够培育出他们的科学素养和探究精神。我将从三个方面与家长分享科学素养对孩子成长以及亲子关系的积极意义，分别是：什么是科学素养、培育科学素养的重要性、如何培育科学素养。

一、什么是科学素养

在当今信息大爆炸的时代,科学素养的培育已成为孩子们掌握终身学习能力的关键。科学素养不仅仅是能背出多少物理公式、化学方程式、生物的种类,更重要的是具备科学学习的能力以及热爱科学的情感。这种素养是孩子未来成长过程中不断发展自我、勇于突破的基础。

二、培育科学素养的重要性

有的家长可能会问:为什么需要科学素养? 初中阶段的孩子还需要培育科学素养吗? 还来得及吗? 答案是肯定的,我将从三方面阐述科学素养培育的重要性。

1. 能培养孩子终身学习与接受新鲜事物的能力

相较于儿童阶段的孩子,初中阶段的孩子正处于青春期,他们在内心世界不断丰富的同时,也在学习如何应用更高级别的科学知识和方法来解决问题,并对许多重要的科学概念进行更深入的了解。这使得他们对于新鲜事物的接受能力很强,正是培育科学素养的好时机。

科学素养可以帮助孩子习得学习的方法和技能,包括思考问题的方法、检验假设的方法、归纳和演绎的方法等。这些方法和技能可以用于学习各种学科,为他们未来的学习和生活打下坚实的基础,促进终身发展。同时,在当今科学快速发展的时期,知识的更新迭代速度也日益增加,科学素养的提升有助于孩子接受新鲜事物,学习先进的科学理论,为成为创新型的人才奠定基础。

2. 能让孩子葆有好奇心与严谨的学习态度

千万别以为孩子们长大了就没有了好奇心。孩子天生就有探索世界的欲望,从出生就带着"好奇心"来到这个世界。初中阶段的孩子虽不像幼时一样对所有的问题都充满了求知欲,但是依然对日常的生活现象与科学现象充满了好奇。家长可以通过和孩子一起经历科学活动、科学探究,有效保留孩子的好奇心。除此以外,科学素养的培育也有助于培养孩子严谨的学习态度。在科学活动的探究和学习中,孩子们学会如何提出科学问题、如何设计探究活动方案、如何检验科学假设和如何分析科学数据等。这些过程都对孩子严谨的科学思维提出了更高的要求。通过长期的培育与锻炼,孩子的好奇心得以保留,也能逐渐形成严谨的学习态度。

3. 能促进亲子沟通

想要在培育孩子科学素养的同时,增进亲子感情吗? 那就放下对分数的执念,去参与孩子的探索与发现吧! 家长应该注重科学探究过程中的亲子合作。在这个过程中,家长可以和孩子一起探索自然现象、做实验、观察生态系统等。家长可以告诉孩子现象背后的科学原理,或者带着孩子一起实践做实验,激发孩子的学习兴趣和好奇心,使他们更好地理解科学的本质。在孩子从理论知识到实践操作,再从实践到总结反思的过程中,家长可以给予鼓励和引导。这可以让家长更加深刻地理解孩子的需要,并在实践操作中增进亲子关系。因此,培育孩子的科学素养有助于促进亲子关系,这是一种双赢的方式,既满足了孩子的成长需要,同时也增进了家庭成员之间的情感联结。

在了解了科学素养的重要性之后,我们需要进一步了解如何培育孩子的科学素养。

三、如何培育科学素养

1. 保护孩子的好奇心

好奇心是孩子主动探索世界过程中的产物,是一种积极的心态和意愿,是孩子们获得知识和学习能力的源泉。我们要保护好孩子们与生俱来的天赋,要尊重孩子们独特的思考方式和探究方式,给予他们足够的自由和支持。

爱因斯坦曾经说过:"我没有什么特别的才能,不过是有强烈的好奇心罢了。"家长认识到科学素养对孩子成长的重要性,才能帮助孩子成长为具备科学素养的人。然而,在具体培育过程中,还是会遇到各种问题。例如,家长自身对于某些科学现象并不能很好地解释,或者孩子并不愿意和家长一起合作进行探究,遇到问题也不愿意和家长交流或提问。当这些现象发生时,我们要从保护孩子对科学现象的好奇心开始。

孩子的好奇心可能会体现在多个方面。例如,有时候孩子会问:"妈妈,为什么空气炸锅不放油也能炸鸡翅?"或者"爸爸,脚印的长度和身高有直接关系吗? 为什么警察可以通过脚印来破案?"这些问题有时候充满了想象力,有时候又让我们啼笑皆非。有的孩子会将好奇心展现在行动上,比如为了搞明白投影仪的工作原理,直接拿螺丝刀把外壳拆开了,这种"妈见打"的行为真的会让人情绪爆发。然而,这时如果家长能够冷静下来,认识到这其实是孩子理解世界、认识世界的方式,我们就可以更好地引导他们进行思考和实践,最终让他们找到答案,或者在亲子合作的过程中获得科学学习的能力。

2. 用好三种方法

我们可以用三种方法来培育孩子的科学素养(见图 4 - 5)。

一是耐心倾听孩子的问题。孩子对科学现象的好奇心非常重要,因为好奇心是推动孩子学习和探索的动力源泉之一。家长要有耐心,给予孩子足够的关注与尊重,保护孩子的好奇心。家长需要耐心倾听孩子的问题和疑惑,鼓励他们多提出问题,不能嫌烦或是将孩子的问题一笑置之,否则会让孩子的好奇心受到打击。例如,当孩子问:"爸爸,为什么太空中没有氧气,但是太阳还能燃烧?"如果爸爸回答:"你别琢磨这些没用的,有时间还不如多去看看书,上次考试考得一塌糊涂。"可以预见的是,

图 4-5　如何培育科学素养　（简娜　绘）

孩子一定不满意这个回答。如果你是这个孩子的家长,遇到孩子的这个问题,你在耐心倾听后可以如何回答他呢? 可能你和我一样,因为不是这个专业,对于这样的问题,无法给出直接答案。

二是不必直接给出答案,要引导孩子发现问题的答案。不论孩子的问题是你所擅长的还是不擅长的科学领域,即使你知道问题的答案,很直白地告诉孩子并非总是最优解。家长应该从孩子的角度出发,找到他们感兴趣的点。正如上面场景中孩子的问题,家长不一定能够给出最优的答案,但是可以为孩子提供一种思考问题的方式。家长可以和孩子探讨一系列与问题相关的知识点,并通过这种方式去启发孩子的思维,让他们能够建立科学素养的思维模型,并从中探索解决方案。家长可以用问题的方式引导:"你是如何知道燃烧需要氧气的?""你确定所有的燃烧都需要氧气吗? 还会不会有别的方式?"让他们主动地思考解决问题的办法,而非被动地去接受新的知识。保护孩子的好奇心,需要家长在探索科学问题时保持开放的思维,关注孩子的感受和思考,并从孩子的角度出发去找到他们感兴趣的点,最终让孩子发现问题的答案并从问题中获得成长。

三是与孩子进行充满想象力的对话。家长可以和孩子进行充满想象力的对话，以鼓励他们的好奇心和探索欲。可以与孩子讨论一些仍然有待解决的科学问题，例如宇宙中的黑洞或恐龙的灭绝原因。还可以根据孩子的年龄和兴趣，介绍相关的科学知识，如生物、地理和天文学等知识。通过这些对话，孩子们可以了解到更广阔的世界，同时也可以促进他们的学习和成长。让孩子接触一些前沿的科学领域的新发现、新成就，让他们始终带着好奇心与探索欲。

针对孩子的好奇心与兴趣，家长可以带领孩子开展具体的科学探究活动，如观察、测量、观测、实验探究、模拟实验、制作、体验、调查、种植养殖、读图识图、项目研究、科普剧等。

四、亲子共同完成主题式的科学探究活动

开展主题式的学习活动，重点不在于弥补孩子科学知识的欠缺，而是通过观察、实验等方式，让孩子体验整个科学探究的过程，学会在解决问题的同时，自主获取相应的科学知识，甚至是跨学科的知识，提高自己的综合能力。主题式的科学探究活动，可以让孩子在探究的过程中建立起更深刻的学科知识和问题解决能力，同时也能培养他们的创新思维和团队合作精神。在共同完成的过程中，家长和孩子之间可以成为更好的合作者，在沟通中增进彼此的情感。

从孩子的兴趣与问题入手，在力所能及的情况下，开展有趣的家庭小实验，或是开展户外小调查。

1. 开展有趣的家庭实验

家长可以从孩子的兴趣与问题入手，与孩子进行一些家庭小实验，通过实践探究的形式提升孩子的科学素养。例如，如果孩子对植物的生长有兴趣，不妨和孩子一起探究植物的生长。不同于日常的养花种草，家长

带领孩子进行植物生长的探究活动时,需要让孩子记录下自己的问题,提出合理的假设,通过实验的设计、过程的记录等方式将实验完整地记录下来,然后对实验的结果进行合理描述,最终判断自己的假设是否正确,并基于观察到的证据得出结论。表4-1是可供参考的实验记录表。

表 4-1　植物生长实验记录表

实验标题	实验目的,做出假设
研究对象	×××植物
实验时间	年　月　日——　　年　月　日
实验步骤	1. 将植物种子种入土壤中 2. 适时浇水和给予充足的阳光照射,观察植物生长的情况 3. 测量植物的高度、茎干粗细、叶片数量等相关指标,记录到实验表格中
实验数据的记录与测量的方法	
实验结果	
结论与反思心得	

　　孩子们还可以尝试在不同环境下种植同一种植物,比较它们的生长情况,了解植物生长的条件和影响因素。在亲子关系方面,与孩子一起实验,可以增进家长和孩子的交流与互动。当孩子在好奇心的驱使下,主动和家长进行沟通交流时,许多家庭沟通的方式也会变得更加简单。家长可以用提问的方式多听听孩子在想什么,以及他们是怎么思考的。在此基础上,对他们提出合理的建议或对他们出人意料的想法予以表扬。同时,家长可以和孩子一起改进实验或探索新的问题。此外,对于

活动的资源,家长可以参考孩子科学课本中的活动方案,或是国内外网站上相关的家庭实验资料,以帮助开展相应的活动。

2. 开展户外调查

当孩子的问题较为深奥,一时无法给出合适的答案时,不妨带孩子出去走走,开展户外小调查。图书馆与博物馆的资源非常丰富,有时就能给孩子提供更多的答案和思路,开阔他们的眼界。野外观察与实践更是让孩子动手动脑的好机会,如观察自然界的动植物,并进行记录、拍摄。在观察动物时,可以带着孩子们记录动物的特征、行为、生活环境等资料,鼓励孩子亲手实践,或与家长共同协作。回到家中,与孩子们分享调查成果,让他们分享观察到的信息、搜集到的图片或视频,共同讨论和解决遇到的问题。最后,可以形成一份调查报告,根据调查结果,让孩子撰写调查报告(见表4-2)或进行展示,使他们了解科学调查的过程和方法,培育他们的科学素养。

表4-2 调查报告

调查目标			
调查地点			
调查时间	年 月 日 — 年 月 日		
参与人数			
主要的观察内容	动物观察:	植物观察:	地形和生境观察:
调查结果			
结论与体会			

除了上述两种常见的家庭探究活动外,还有其他一些小妙招与活动资源可供参考。

无论是进行家庭实验还是户外调查,严谨且有流程性的科学探究过程是必不可少的。通过图4-6这样的流程,家长可以帮助孩子更好地体验整个科学探究的流程,让孩子在习得知识的同时更深入地理解知识的发展过程。

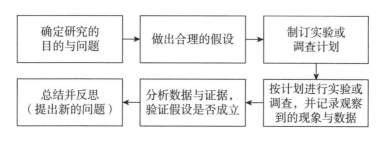

图4-6　科学探究的基本流程

如果家长平时比较忙碌,没有多余的时间自己撰写实验报告或调查报告,可以参考国内外相关网站上的信息,也可以观看一些科普视频。一些优质的科普视频会深入浅出地讲解科学知识与现象,有助于孩子的学习。

当然,孩子的主动沟通与进步少不了家长的表扬和肯定,所以在孩子探究过程的每个阶段,家长都可以对他的进步予以肯定。例如,将他的实验记录进行汇总,装订成册,又或是将实验计划完成的部分打"√",还可以在孩子完成每个实验或达到某个里程碑时,为他准备小礼物或小奖励,以表达对他的支持和肯定。通过这种充满仪式感的过程,可以增加孩子在探究过程中的成就感。与此同时,家长也可以通过与孩子的沟通交流,了解他们最近在学习和实验中遇到的问题、困难,帮助他们一起探讨解决方案。这样不仅可以提升孩子独立思考和解决问题的能力,还可以让他们感受到家长的支持和关爱。

如果观察实验的周期比较长,家长可以和孩子一起制订好每月、每周的计划,并腾出一定的弹性时间,当家中有突发情况不能按制订计划执行时,也能利用这部分弹性时间和孩子一起记录、分享。如果孩子中途想放弃长周期实验的观察,我们应该给予孩子更多的鼓励与支持,避免让孩子轻易放弃。在客观情况实在不允许的情况下,可以和孩子共同商议如何在今后继续中断的观察,或者提出更好的解决方案。孩子与家长共同探究,不仅能培养亲子间的合作关系,还能让孩子从中习得知识,增长能力,收获家长的肯定与建议,这些都是初中阶段孩子所需要的。

总之,科学素养的培育并不需要刻意追求成绩或是充满压力的学习。家长可以从日常生活中的点滴入手,通过兴趣引导和潜移默化的方式,让孩子们自然而然地掌握科学知识和学习方法,从而增强对科学的兴趣和热爱。愿每一个孩子都能在科学探究活动中收获快乐与成长,通过亲子合作,家长与子女能够更多地表达自身的感受,倾听对方的想法,让彼此的关系更加和谐。

第六节　高效制订计划,事半功倍全靠它

沈亦杰

扫码观看课程视频

随着"双减"政策的全面实施,初中生的课外负担减轻,自主安排的时间增加。然而,这一年龄段的学生缺乏自我管理和规划能力,容易受到电子游戏的影响,在可支配的时间中沉迷于游戏[①],导致居家学习的效率低下。此外,初中生正处于价值观形成阶段,有自己的想法和见解,情绪易波动。面对家长的教育和叮嘱,往往展现出对立的情绪。家长缺乏合理的方法和手段来引导学生形成一定的计划能力,以合理规划自己的学业和课余生活。对于教师而言,如何通过家校联系和配合,帮助家长在家庭环境中培养孩子的计划能力,成为新时代的命题。

广义上讲,计划能力是指将一个复杂的事务进行分解,再有序排列,然后逐步执行推进的能力,它包含多种能力的综合。做任何事情都需要按一定的步骤循序推进,并且要达成某种目标。狭义上,我们通常将计划分为三个层次:行动前计划、行动中计划和行动后计划。计划在行动前如同剧本,孩子扮演着导演的角色,需要在执行前清楚地认知自身的水平,确定好具体的内容、主题和方法,准备好所有的学习资料和资源,想到有可能发生的困难和问题,并合理地进行规划。在行动中,计划是行动的依据。孩子此时扮演着演员的角色,他们需要按照原有的剧本、台词和剧情,有步骤、有组织地执行,遇到困难和问题时,能够有坚决执

---

① 范玉洁,杜学元."双减"政策下小学高年级学生时间管理能力的培养[J].教学与管理,2023(14):6-9.

行的心态,学会向爸爸妈妈求助,克服困难。在行动后,计划是复盘的重要参考。孩子在这个环节扮演着观众的角色,思考在行动过程中存在的问题,方向是否偏离,以及下一次有哪些地方可以改进。

一、制订计划的五大原则

制订计划是事情成功与否的关键。SMART 原则是社会和学校广泛使用的计划原则之一,它源自美国马里兰大学管理及心理学教授洛克。SMART 是 Specific(具体的)、Measurable(可衡量的)、Attainable(可操作的)、Relevant(相关的)、Time-bound(有时间期限的)五个英文单词的首字母缩写。这意味着,孩子在家里安排学习的第一步拆解任务目标和制订计划时,要考虑拆分出来的小目标是否具体、是否可衡量、是否可操作和可实现、是否和最终的大目标相关、是否有明确的时间期限以防止无限拖延。在评估时,也可以用这五大原则来衡量孩子在行动中是否按要求执行了。如果没有,应考虑该如何调整。(见图 4-7)

图 4-7 制订计划的五大原则 (简娜 绘)

1. Specific（具体的）

孩子回到家需要完成的作业涉及多个学科，作业量有多有少，难度有难有易，还包括孩子自身擅长和不擅长的部分。孩子面对的任务复杂和繁多以后，往往不知道从何入手。因此，在拆解一个个小任务和制订计划时，要保证拆出来的小目标是具体的，避免模棱两可。孩子们常常以"喊口号"的方式来执行计划。这样的计划无法使孩子长期保持积极性和主动性。家长需要引导孩子们将宏观规划拆解成一个个具体的小目标，并在特定时间段达成这些过程性目标。

2. Measurable（可衡量的）

可衡量性指的是拆解后的目标是可量化的，避免标准上的争议。例如，一些可以用确切数字来衡量的标准就是没有争议的。家长们在孩子犯错时，常用"乖宝宝""好孩子""优秀的孩子"来鼓励他们，但这些词的评价标准是模糊的，孩子并不清楚自己需要做什么、怎么做和做到什么程度，才能达到家长心中的预期。因此，家长需要引导孩子自己制订一个定量的计划。

3. Attainable（可操作的）

可操作性指的是计划要符合自身的实际情况。在制订计划时，孩子需要对自我有清晰的认知，根据自我的实际情况、优势和劣势，制订出合理的计划。家长要清楚孩子的现有水平和可能的发展水平，即孩子的最近发展区。

4. Relevant（相关的）

相关性指的是目标和计划的实施步骤都要紧扣最终要达成的目标，避免无关任务。例如，就提高英语口语而言，在课堂上孩子不开口说英语就是需要避免的无关项。

5. Time-bound(有时间期限的)

时间期限性是指要有明确的时间期限。没有截止日期,孩子的计划就容易被拖延所吞噬。家长可以在时间期限内定期检查目标完成的进度,对阶段成果的检验有助于及时调整下一阶段的计划实施。

二、家长所扮演的角色

1. 行动前,家长做一名及时的参与者

由于认知水平、思考问题的方式和表达能力等方面的局限,很多孩子的计划不够合理。为此,孩子制订计划时还是需要家长的引领。家长要及时参与进来,与孩子一起制订计划。

家长可以在孩子制订计划前,把一些抽象的概念以具体化的方式呈现给孩子,比如时间观念、执行力和小目标等。以时间观念为例,虽然孩子知道 10 分钟与 10 秒钟有区别,但 10 分钟究竟能做多少事孩子可能并不清楚。因此,家长要让孩子体验具体的时间,比如让孩子用 10 秒时间跑步、10 分钟时间看电视和 1 小时时间看书。通过这些具体的体验,让孩子对 10 分钟或者 10 秒钟有清晰的体验感,进而建立真正的时间概念。

家长需要帮助孩子清晰地认知自我。比如,在安排居家学习计划时,明确自己的优势学科和劣势学科,以及哪个时间段是自身精力较为充沛和注意力较高的,优先安排完成有难度和自身不擅长的事情。

家长可以引导孩子借助可视化的计划表,每完成一项任务,就画一个标记证明任务完结。当孩子实现一个小目标时,家长应当及时鼓励,肯定他们的付出,让孩子体会制订计划及学习的成就感。如此一来,既能将学习目标完成进度可视化,又加强了学习过程中的仪式感。

2. 行动中,家长做一名即时的激励者

在这一阶段,家长应避免替孩子做主,确保孩子始终处于主导地位,家长只是"助手",给予孩子一定的帮助,但不能成为决策者。此外,家长应记录下孩子出现问题的时间节点,分析计划完成过程中的闪光点和问题,探究背后的原因,如情绪、心理状态或者性格。

此外,家长还要适当做一名激励者。当孩子执行计划出现偏差或表现不佳时,家长不应说"你看看人家孩子,做得多快啊",这样的话会打击孩子的自信心和积极性。家长要站在孩子的角度,理解孩子的情绪和心理状态。家长应该以赞赏的眼光看待孩子,表扬孩子做了多少,而不是还没有做多少;欣赏他们正在习得的习惯,而不是仍未改正的地方;鼓励他们朝着正确的方向努力,而不是批评他们所犯的错误。

3. 行动后,家长做一名适时的复盘者

有效而实时地复盘整个执行的过程,可以反映出计划制订到执行所有环节中出现的问题。复盘指的是带领孩子回顾和总结过去已经发生过的事情。复盘重在强调发现并纠正错误。大多数家长对孩子第一次犯错都能接受,第二次重复也可以理解,但是第三次再犯就有些难以接受了。

因此,家长都希望孩子在被告知一次以后,就不再犯同样的错误。在复盘时,家长可以谈论以下三点:(1)谈论"怎么了",家长可以分享自己当时的感受,给孩子做个示范,表明家长也不完美,孩子不必追求完美,家长会生气,也会理解孩子生气;(2)谈论"为什么",分享感受的起因、分析自己的想法,同时理顺思路,这也是很好的情绪管理、反省反思的示范;(3)谈论"怎么办",家长可以跟孩子一起商量下回的应对策略,让孩子多表达自己的感受和想法,家长不进行评价和驳斥,因为感受是非常个人化的,没有对错,更没有纠正的空间。与孩子讨论对策,让孩子有参与决策感,自己的主意下回更容易想起来并加以配合。

　　"双减"政策为孩子提供了良好的条件和环境,使他们能够自主安排时间和进行自我学习。在这个过程中,学校教师要承担起家庭指导的职责,与家长密切沟通和联系。通过制订计划的五大原则教会孩子做计划,通过三大角色定位具体引导孩子学会制订计划,把主导权交到孩子手中,让他们自主制订计划、管理时间和调整安排。在这个过程中,孩子不仅能提升学习能力,还能培养执行力和应变能力,真正意识到学习的价值和意义。①

---

　　①　邓晖.新学期,让孩子成为时间的主人[N].光明日报,2023-02-14.

第七节　做教练型家长，打开孩子的心门

李雨璐

扫码观看课程视频

你的家庭中是否有这样的对话

最近学习怎么样啊？跟得上吗？

还行。

在学校和同学相处融洽吗？

还可以。

在学校有没有好好吃饭啊？

哎呀！你烦死了！

你这孩子怎么这样啊！我关心一下，你不是敷衍就是发脾气……

不用你管！

案例中的场景，是不是您家中的日常呢？您怀着满满的爱意与一腔热情关心孩子，却被一盆冷水泼得哑口无言。

如果您的答案是肯定的，那我想先对您的想法予以肯定。虽然在实际操作的时候不那么顺利，但您至少有了解孩子近期思想动态的意识，这是非常重要且必要的，是一个很好的出发点。

别担心，并不是只有您家出现了这种情况。在我的日常工作中，时常能听到家长与我倾诉同样的烦恼——

"老师，我家孩子今年假期变化很大。他拖沓懒散，不收拾房间，书

桌乱糟糟的。我说两句，他就嫌我烦，这该怎么办呀？"

"老师，孩子起床晚了，耽误了上课，我一说，他就冲我发脾气，我很伤心，真不知道该如何与他沟通……"

"老师，孩子在房间里上网课、写作业，我只有吃饭时才看得到他。现在，他和我们说话越来越少，怎么办？"

"老师，我们家孩子学习像是副业，玩游戏倒像是主业。每次，我想和他谈心都很纠结。说轻了不管用，说重了我们又害怕……"

听到此处，您是不是深有同感？

接下来，我们就来学习如何解决这些问题，让改变从这一刻开始！

苦恼的小A

小A最近很苦恼。他积极尝试与家长交流，把自己在学校的生活及所思所想分享给家长，却总感觉谈话氛围尴尬，难以深入。家长总是以不耐烦的态度、说教的方式回应他，久而久之，他开始排斥与家长交流，却又遭到了家长的训斥。

此时此刻的小A，不知道如何做才是有效的。小A其实是一个特别棒的孩子，他愿意与家长沟通，倾诉自己的烦恼。沟通不畅的原因，其实来自小A的家长。在孩子满怀希望，主动寻求家长帮助时，家长在一开始并没有给予积极的回应，显得较为淡漠。在之后的聊天过程中，家长以说教为主，以反问、责问、批评、否定、忽视等方式，把孩子倾诉的欲望、求助的希望消磨得一干二净。

怎样做才能避免出现以上的情况，让对话更愉快呢？我们接着学习如何在家庭教育中运用教练技术。

一、什么是教练型家长

我们先来了解一下教练型家长的含义。每位家长都是关心孩子的，这一点毫无疑问。但大多数家长不知道如何向孩子表达这份关心,如何与孩子进行有效的沟通。家长用错误的方式表达关心,甚至于控制不住情绪,朝孩子发火,那么孩子接收到的不是爱,而是恐惧、害怕和愤怒。久而久之,孩子会自动屏蔽家长传来的信息,导致沟通不畅,两败俱伤。家长不仅要关心孩子,还要掌握关心孩子的技巧和方法。在孩子的成长过程中,他们会遇到各种问题。家长可以先不插手,引导孩子思考,学做教练型家长。

家长可能对"教练"这个词有些疑惑。"教练"的英语为"coach",原指"马车",后因御者训练马匹驾驶马车,能快速到达目的地,词义有所引申,喻指辅导、训练人们,使其获得进步。

教练型家长是指能够在家庭教育中运用教练技术的家长。传统型家长与教练型家长的对比见表4-3。有别于传统型家长,教练型家长能洞察孩子的行为模式,运用策略,挖掘孩子的潜能,发现孩子的可能性,帮助孩子有效地达成人生目标。

表4-3　传统型家长与教练型家长的对比

传统型家长	教练型家长
1. 为孩子制定目标	1. 与孩子共同商定目标
2. 以说教、命令、批评为主	2. 以倾听、鼓励、引导为主
3. 墨守成规,不愿改变	3. 乐于学习,与时俱进
4. 只关注孩子的行为	4. 善于自我反思,关注整体情况
5. 保持绝对权威	5. 允许孩子质疑

教练技术的重大价值在于促进孩子释放自己的潜能。家长要引导孩子学习,帮助孩子呈现最好的状态。我们要引导孩子通过学习、交流,不断提升观察力、执行力、责任感和自信心,改善自己的行为,从而提升自己的能力,成为更幸福的人。

看到这里,您可能会问,我家孩子只是初中生,适合这样的方式吗?

其实是完全可以的,家长要学会做"懒家长",推动"孩子行",而不只是"家长行"。

二、怎样运用教练技术进行亲子沟通

说到亲子沟通,我们就要明确沟通时的四个要素,即倾听、提问、引导、持续。也许您在日常生活中常常试着与孩子沟通,但效果却不够理想。您可以参考图4-8,运用教练技术,更好地进行亲子沟通。

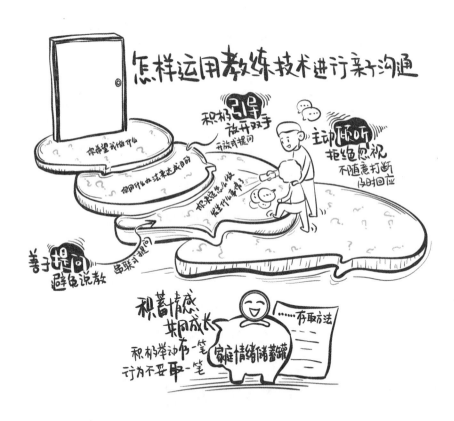

图4-8 运用教练技术进行亲子沟通的方法 (简娜 绘)

1. 主动倾听,拒绝忽视

日本的一位传奇销售大师原一平创造了无数经典的保险销售案例。在分享自己的工作经验时,他曾说:"善于倾听比善于辩驳更加重要。"

"倾听",是否仅仅意味着听对方讲话呢? 答案是否定的。"倾听"的意思是认真细心地听取,关键就在"认真细心"四个字上。我们要做到认真细心地听,听出事情的真相,听出孩子的情绪,听出孩子的渴望和需要。我们要让孩子感受到我们的认真细心,及时给予孩子情感和行为的反馈,为孩子提供充分的支持,让孩子有信任感和安全感,从而敢于也善于表达自己。

怎样做才算是善于倾听呢?

一是要平等地对待孩子。家长要明确自己倾听者的身份,充分尊重孩子的表达权利。在孩子倾诉时,家长可以暂时停下手中的事情,来到孩子的身边,眼睛要看着孩子,表现出认真倾听的状态。

二是不要随意打断孩子。孩子在倾诉的时候,家长不要轻易打断孩子,对他们造成干扰。家长可以用肢体接触的方式回应孩子,如拍一拍孩子的肩、抚摸孩子的头。

三是在孩子提出问题或要求时及时回应,为孩子提供支持。家长要避免说教,尽量以提问的方式鼓励孩子自主思考,以讨论的形式进行谈话。

2. 善于提问,避免说教

家长要善于提问,用恰当的问题引导孩子充分表达自己内心真实的想法。当孩子的想法不符合家长的预期时,家长不要打断孩子,也不要急于说教,应尝试从孩子的角度思考问题,与孩子共情。

在谈话中,家长可以通过串联式的问题鼓励孩子思考,不要急于抛出预设答案,直接命令或者发号指令。

如何提问才是有效的呢? 家长可以参考表 4-4。

表 4 - 4　问题模板

问题	意图
1. 你发生什么事情了	家长要给孩子表达的机会,还原真相和经过,锻炼孩子的表达能力,让孩子有沟通交流的渠道与意识。孩子边思考边表达,情绪也会慢慢平复下来
2. 你的感觉如何	家长要学会倾听,让孩子把自己的感受说出来,情绪得以宣泄。家长需要与孩子共情,接纳并允许孩子有情绪,不能以自己的人生阅历来否定孩子的感受
3. 你想要什么(你希望我做什么)	无论孩子说什么,家长都要清楚,孩子在情绪不好时想做的事情,不代表他的真实想法。家长要想办法让孩子表达出来,在此基础上,帮助孩子确定目标
4. 你用什么办法来达成目的	引导孩子思考如何通过合理的途径达成目标
5. 这些方法会产生哪些影响	家长要心平气和地问孩子这个问题,等孩子把所有解气的想法都说完了,再让孩子去检视后果。此时家长要少说教,少评判。如果孩子的认知有差距,家长可以好好和孩子讨论事实的真相,同样避免说教,这是建立规则的有利时机
6. 你决定怎么做	尊重孩子的合理决定。孩子通常会选择最有利的状况,当然,如果孩子选择的不是家长想要的答案,家长也不要说教,而是要告诉孩子两个原则:一是不伤害人,二是不破坏环境
7. 你希望我做什么	提供支持,要让孩子知道,家庭永远是他坚强的后盾
8. 结果怎样,是否如你所料(遇到相似情形,你会怎么做)	培养孩子自我反思的能力,让孩子慢慢成长

另外,再教您几个平时常会用到的口语化的问题,您可以问:

(1) 那我们怎么办啊?

(2) 还有别的可能性吗? 还有其他的方法吗?

(3) 你愿意挑战吗? 我相信你可以的,对吗?

(4) 大家开心才是真的开心。你是不是这样想的?

(5) 你有办法,你能解决的,对吗?

(6) 你有什么计划,你是怎么打算的?

(7) 问题出在哪儿了,我们来找一找原因好吗?

3. 积极引导,放开双手

在掌握了有效提问方法的基础上,我们进一步来探讨如何灵活地使用开放式问题与封闭式问题,引导孩子自主探索解决问题的多种途径。我们先来看一看两种问题各自的特点(见表4-5)。

表4-5 开放式问题与封闭式问题对比表

	开放式问题	封闭式问题
定义	对问题的回答没有具体的限定,只划定了范围	对问题有预设的答案
适用场景	1. 谈话时间充裕 2. 对方表达欲望较为强烈	1. 了解、调查基本信息 2. 谈话时间比较紧张
优点与不足	1. 优点:对话气氛轻松、自然,有利于被提问者发挥 2. 不足:松散、空泛,不易抓住主题	1. 优点:简单、具体、可控,便于受访者回答 2. 不足:限制性较强,被提问者能发挥的空间不大
表达方式	1. 你打算怎么做 2. 你如何看待这个问题	1. 你想选 A 还是 B 2. 你能不能这样做

在和孩子交流的时候,如果孩子表达的欲望比较强烈,您就尽量采用开放式问题进行提问;如果孩子对某个问题或某种情况表现出迷茫的状态,但您希望得知某些信息,可以采取封闭式问题进行提问。两种问题结合运用,能够更有效地促进沟通。

4. 积蓄情感,共同成长

在平时生活中,您可以和孩子一起设置一个"家庭情绪储蓄罐",可参照表4-6所示的家庭银行存取方法,将情感转化为虚拟货币,共同商讨存取款的条目、每笔款项的数额,共同规划存款目标。那么如何存取呢?请看表格:每当家长与孩子做出积极举动时,我们就可以在家庭情绪储蓄罐里放入一笔存款;每当双方行为不妥时,就取出一笔款项。我们可以定期查看账户余额是否达到预期,分析原因。在这个过程中,我们可以很好地把握自己的教育行为,也能让孩子切实地感受到您的爱;孩子也可以获得自我检视的机会,清晰地感受到自己的成长。

表4-6 **家庭银行存取方法**

家庭情绪储蓄罐存款	家庭情绪储蓄罐取款
信任、欣赏彼此	评判、指责彼此
认真倾听对方的想法	拒绝倾听对方的想法
及时给予对方情感反馈	漠然地对待彼此
设身处地地理解对方	不能共情
主动分享自己的想法与情感	抗拒交流
勇于承担责任,对家人宽容	逃避责任,斤斤计较
制造生活惊喜,积极生活	家庭生活平淡乏味

三、教练技术在家庭沟通场景中的应用

学习了以上的内容,您是不是已经有些心痒,迫不及待地想要试练

一番了呢？那么现在,我们来小试牛刀吧!

还记得之前我们提到的小 A 吗？现在我想请您思考,如果您的孩子遇到了和小 A 一样的情况,您会怎么做呢？

您是否会这样做——

[孩子闷闷不乐地坐在沙发上,时不时叹口气,嘴里嘟囔着"烦死了"](虽然孩子没有直接和家长开口,但他此时表现出的状态,目的是吸引家长的注意力,希望家长去关心他。)

[您坐到他旁边]您:怎么啦,小家伙? 来来来,别一个人生闷气,和我说一说什么事儿让你这么烦。(家长主动要求倾听,激发孩子的倾诉欲。)

孩子:今天随堂做了个测试,我又考得很差,但我真的看不懂题目啊! 平时上课,我也想认真听,但听来听去头都晕了,还是听不懂,干脆不听了! 真是烦死了![孩子边说边委屈地哭了]

[您给孩子一些纸巾,顺手摸摸孩子的头或背]您:哭吧,哭吧! 哭出来会好一点的!

[给一点时间,让孩子发泄情绪,等孩子自己慢慢平复下来](给孩子宣泄情绪的机会,并及时给予情感的支持,能够让孩子更信任家长,更有安全感。)

[孩子擦干泪,看着您]您:哭出来是不是好一点了?[孩子默默点头]

您:那么,你接下来打算怎么做呢?(开放式提问,让孩子尽可能地说出真实的想法。)

孩子:我想放弃了,反正我肯定是考不上高中了,我随便读一个学校,出来混口饭吃就行。

您:哦,你想读技术类的学校,那么,你想学什么技术呢?(顺着孩子的想法说,不轻易打断、说教,这样能够更深入地了解孩子。)

孩子:与车有关的都行,我觉得修车就蛮好的。

您:很好啊！我发现你很聪明！我同事家的孩子就只会听他老爸的话,你看,你还会做职业规划,不错！给你鼓掌

孩子:你不是在"套路"我吧？

[您的表情要认真起来]您:当然不是,什么职业都是可以尝试的。知道自己想做什么,这是第一步,你做得很好。接下来就要想一想,要达成这个目标,你应该做什么,比如……

孩子:那肯定还是要读书！这个我知道,至少要考一个好点的技术学校,否则学不到什么的。

您:哟,你最近进步太大了,还学会抢答了！既然你想修汽车,你是想修很棒的车吗？(封闭式提问,给孩子限定的回答,引导话题的走向。)

孩子:当然！

您:那你自己得技术过硬,学习的时候多掌握一些知识,以后不吃亏！

孩子:可我就是听不懂,该怎么办呢？

您:你有疑惑就要问出来,在学校里可以找老师或者同学帮忙。在家里,你可以来找我,我绝对支持你！

孩子:行！那我明天去试一试！(孩子重燃信心,化被动学习为主动学习。)

在家庭教育中,通过有效地提问,引导孩子畅所欲言,通过主动思考,为自己的问题寻求解决方案,进而从众多的解决对策中决定采用何种策略,获得成长,这便是将教练技术引入亲子互动的目的。

每个孩子都有向上的愿望和巨大的潜能。在有效沟通中,信任是前提,共情是基础,共识是目的。家长信任、支持的态度,引导、启发式的提问,能够支持孩子正视困难,激发他们自觉主动地学习和创造性地探索,充分开发自我潜能,也能帮助孩子提升情绪管理能力,让孩子成为自己的主人,成长为更好的模样！

第八节　走进博物馆，体验奇妙课

靳可可

扫码观看课程视频

　　博物馆有着丰富的教育资源，本节将从博物馆里的丰富资源、孩子参观博物馆的重要性、家长如何带孩子有效参观博物馆等方面为各位家长提供指导与帮助，充分发挥博物馆在青少年教育方面的功能。

一、博物馆里的丰富资源

　　博物馆涵盖人类历史文明、科学艺术等诸多资源，是可以不断学习、深入探索、聆听文明、分享智慧的场所。孩子可以在这里寻踪觅迹、探本溯源，体验丰富有趣的博物知识。

　　党和国家高度重视发挥博物馆对青少年的教育功能，出台了一系列政策措施，推动中小学生利用博物馆资源开展学习，促进博物馆与学校教学、综合实践有机结合。从学科学习的角度来看，《义务教育历史课程标准（2022 年版）》指出："社会资源是校内课程资源的必要补充，既包括物质资源，如历史遗址遗迹、博物馆、纪念馆、展览馆、档案馆、爱国主义教育基地及乡土历史文化资源等，又包括人力资源，如社会各方面的人员。"①教师应采取多样的教学方式、方法和手段，进行学科延伸教学，落实学生学科核心素养的培养。博物馆里丰富的教育资源能够为孩子提供比较完整、系统和准确的知识内容，有助于孩子建立更高水平上的知

---

　　①　中华人民共和国教育部.义务教育历史课程标准（2022 年版）[M].北京：北京师范大学出版社，2022.

识结构,使孩子的思维更加灵活。

二、陪孩子参观博物馆的重要性

博物馆中展出的实物大多经过专家鉴定、分类和说明,参观博物馆不仅能够让孩子亲身体验到文化的魅力,提高人文修养,更能够引导孩子独立思考,锻炼孩子的逻辑思维。除了学习知识以外,参观博物馆还可以激发孩子的灵感,培养孩子的兴趣爱好。孩子在家长的陪伴下参观一些有趣的展览,不仅可以学到新知识,还能一起度过一段有意义的时光,有效改善亲子关系。

三、家长如何带孩子有效参观博物馆

一些家长因个人专业知识和精力有限,不能科学、有效地带孩子体会博物馆的魅力,适时开展家庭教育。这里介绍一些参观博物馆的方法。

在选择博物馆前,家长要对身边的博物馆有一个大概的了解。根据上海市文化旅游局《2023 年上海市博物馆年度报告》,截至 2023 年底,上海市已备案博物馆 165 座。其中,免费开放的博物馆有 135 座,约占本市博物馆总量的 81.8%。此外,根据展示主题和内容的不同,全市有历史类博物馆 48 座,艺术类博物馆 9 座,自然科技类博物馆 7 座,综合性博物馆 14 座,其他主题类型博物馆 87 座。[②]

面对种类繁多的博物馆,如何有效选择和参观,笔者提出以下三条建议。

一是基于孩子的兴趣,挑选合适的场馆。兴趣是孩子走进博物馆大门的一把钥匙。有些孩子喜欢动植物,家长便可以选择自然生物展区;有些孩子喜欢科学小实验,科技展区的动手模拟实验能让他们收获更多的欣喜与快乐;有些孩子喜欢飞机坦克,那就去军事博物馆看看各种武器装备。家长要让孩子觉得博物馆是一个好玩的地方,观展是一件有趣的事。二是重视孩子的体验,选择参与性和互动性强的场馆。触摸和观看展品,这些真实的体验更容易让孩子有感触与收获。三是跟着课本进入博物馆。以"远帆归航:'泰兴'号沉船出水文物特展"为例,它包括众多出水文物,涉及经济制度、贸易格局、工艺制造、绘画等方面的内容。统编教材五·四学制《中国历史》和《中国历史地图册》中涉及中国古代瓷器与船舶制造、贸易及海上丝绸之路的知识见表4-7。

表4-7　《中国历史》教科书与"远帆归航:'泰兴'号沉船出水文物特展"相关的内容

书名	册数	课序	涉及内容
《中国历史》教科书《中国历史地图册》	第一册	第14课	海上丝绸之路的开通及对外交往路线、《汉朝海上航路图》
	第二册	第3课	唐朝陶瓷器生产技术提高及造船业颇具规模
		第4课	《唐朝中外交通图》(地图册)
		第9课	宋代造船业(福建泉州出土的宋代海船)及航海技术的成就、宋代是中国瓷器发展史上的辉煌时代、宋代海外贸易超过前代、《宋代海外贸易图》、宋廷鼓励海外贸易设置市舶司加以管理等
		第13课	元代发达的中外交通、《元朝交通路线图》、宋元时期造船和航海技术的发展(指南针的应用)、中国创造发明对其他国家的影响
		第15课	郑和七次下西洋、郑和宝船及船队、明代造船及航海技术的发展、《郑和下西洋路线图》及《郑和下西洋及遗迹分布图》(地图册)等
		第20课	清朝闭关锁国政策、广州一口通商、《清朝前期的中国与世界形势图》(地图册)等
	第三册	第1课	中英签订《南京条约》、开放厦门等为通商口岸
		第2课	清政府设置总理衙门,负责办理对外交涉以及通商、海关等事务

孩子在已有知识背景的前提下,进入博物馆直观地了解在课本上出现的相关文物和内容,效果更佳。这些按照一定的主题进行布局的文物,可以让孩子更加深入地了解文物及其背后的历史内涵,进一步延伸了课堂知识。

图 4-9　如何带孩子有效参观博物馆　(简娜　绘)

四、进入场馆前的准备

1. 提前收集相关信息

随着各种网站的开通和软件的开发,各类博物馆还开发了视频号,可进行云观展,我们获取信息的途径更多也更便捷了。以上海博物馆为例,2022 年,上海博物馆正式开通抖音官方号,通过短视频的方式,活化博物馆藏品资源,让文物"说话"。家长可以提前收集相关信息。

2. 设置一些简单的任务

为了实现观展效果的最大化，有些家长在带孩子观展前做足功课，现场也租借了讲解器，可是孩子观展的兴致并不高，看完之后也没有预期的满满收获。确实，静静地观展对孩子来说确实枯燥了点，很容易走马观花，流于形式。这个时候，家长可以给孩子设置一些简单的任务，激发孩子的兴趣；也可以提前准备一些问题，与孩子共同探讨，加深印象的同时培养孩子主动探究的精神。对于年龄比较小的孩子，可以设计寻宝游戏，也可以和孩子玩玩"场馆连连看"，还可以设置互动抢答的游戏；对于一些初高中学生而言，可根据展馆主题设置角色，通过角色扮演让孩子身临其境地走进博物馆。

家长也可以和孩子共同参与博物馆里的亲子课程。为了更好地实现家长和孩子在博物馆里的有效互动，近年来，许多博物馆推出了多种寓教于乐的亲子课程。以上海博物馆为例，针对不同年龄段的学生，汇集上海博物馆的优质资源，通过主题探索、实物教学、动手体验等，家长可与孩子一起，乐享畅学博物馆的美好时光。

五、现场参观的注意事项

1. 获取参观指南

为了高效地进行参观，家长需清楚知道各场馆的位置，因此建议家长进入场馆后先领取参观指南，确定大致路线及参观的重点展品位置。同时，也可以根据博物馆资源，租借一些针对孩童年龄段的语音导览，带着目的与计划逛馆，才能事半功倍。因为各种原因，博物馆也可能会暂时暂停人工讲解和导览机租赁，建议想听讲解的家长与孩子，请提前在官网查询近期通知，也可以选择线上导览方式。去各博物馆公众号或网站上辅助导览等，都是不错的选择。

2. 与孩子共同设计参观路线

家长可以设计一些有趣的、知识性的环节,引起孩子的兴趣的同时,还能在互动中增强体验效果。比如,可以尝试和孩子一起制作博物馆展览的思维导图、博物馆手账,甚至更为专业的博物馆课题研究等。对于年龄比较小的孩子,则可以设计寻宝游戏。提前将准备好的部分馆内展品的图片做成寻宝图并打印出来,参观时,让孩子对照寻宝图顺序去找齐对应的展品,找齐"宝藏"后给予孩子一定的奖励,通过这种游戏化的任务,让孩子享受寻宝的过程同时培养孩子"寻宝"的思维方式,寓教于乐。

当然每个小朋友的兴趣点不同,镇馆之宝和必打卡的珍品,有些孩子可能并不感兴趣。家长要让逛博物馆变成轻松愉快的过程,而不是给孩子"无形的任务"。在博物馆里参观应该是享受,而不是一定要弄懂或学会某些知识,要相信每次参观博物馆,对孩子来说都是一种美和文化的洗礼。

观展中和观展后,家长可以向孩子提一些开放式的问题,如"你为什么会看这件展品这么久呢""你觉得它的什么地方比较好"。这些没有统一答案的开放式问题,能让孩子的大脑开动起来,锻炼孩子的表达能力。

一些家长会提出这样的问题:孩子的问题天马行空,我该怎么应对?其实,家长不见得都要回答,或者不要立刻把答案告诉孩子,可以用"你是怎么想的"这类反问引导孩子独立思考,与孩子一同在博物馆中找到答案。

有些展览展厅较多,需要花费很多时间才能看完。家长一定要根据孩子的年龄等实际情况,合理安排参观时间。时间以 40 分钟为宜,可以采用"少吃多餐"的参观方式。以青铜艺术展览为例,家长可以在第一次观展时带孩子了解青铜器的用途,在第二次观展时让孩子了解青铜器的制作工艺,循序渐进地培养孩子的探究精神。

3.告知孩子文明参观的礼仪

参观前,家长要用清晰的语言告知孩子文明参观的礼仪,包括但不限于以下几方面:(1)和展品保持一定的距离,不可随意触摸;(2)不可大声喧哗,可以和小伙伴小声讨论;(3)应遵守互动型展品的互动规则,注意保护活动设备;(4)注意拍照的标识和要求;(5)不要在展厅内饮食,可以到餐饮区补充能量。

六、参观后的整理回顾方法

参观博物馆是引导孩子了解某个领域知识的有效方法,但要让孩子真正对内容与过程留下印象,少不了整理与回顾,可以参考以下方法:

一是写作。写作是整理感受的一种重要方式,家长可以让孩子书写感悟,慢慢培养孩子的表达能力。

二是分享。家长可以让孩子说一说博物馆里最有趣的物品、自己最喜欢的展馆或互动游戏以及其他任何有意思的话题,培养孩子的口语表达能力。

三是做手账。家长可以打印出观展时拍下的一些照片,或把博物馆周边做成博物馆地图,让孩子自主梳理参观过程,记录一些感兴趣的、经典的内容。

四是涂鸦。家长可以引导孩子手绘自己参观博物馆的经历或印象深刻的部分。这种方式能让孩子观察和感受更多的细节。这种记录和描绘也是孩子逛博物馆的成果,能增强孩子的主动性和积极性。

博物馆有着丰富的教育资源,是孩子获取乐趣和大量知识的场馆。家长和孩子一起参观博物馆有助于增进亲子关系。随着博物馆资源的大量开发,逛博物馆也会逐渐成为家庭日常生活的一部分,而科学的参观方法可以让我们在参观博物馆学习新知识、开阔眼界的同时,在孩子心中埋下"美""德"的种子,促进孩子全面发展。

教师风采

课程名称:好汉如何提"当年勇"
授课教师:陈　宇

课程名称:如何让表扬更有趣,让批评更有用
授课教师:胡长征

课程名称:高效陪伴,快乐成长不缺席
授课教师:黄　璐

课程名称:用六种方法增强孩子的内驱力
授课教师:刘　静

课程名称:四步学会悦纳孩子
授课教师:钱　亮

课程名称:读懂青春期孩子行为背后的心理需求
授课教师:宋娟娟

课程名称:三步破解与青春期孩子沟通的难题
授课教师:王维瑛

课程名称:戒掉那些口头禅,爱要正确说出来
授课教师:周冬妮

课程名称:做好阅读这件事,学习轻松不费力

授课教师:顾　佳

课程名称:一起运动一起玩,亲子互动更有趣

授课教师:黄嘉程

课程名称:再见吧! 慢腾腾和乱糟糟

授课教师:尹伊人

课程名称:三招破解家庭音乐密码

授课教师:王　倩

课程名称:科学技术敢创新,家庭实验真开心

授课教师:钱艺涌

课程名称:高效制订计划,事半功倍全靠它

授课教师:沈亦杰

课程名称:做教练型家长,打开孩子的心门

授课教师:李雨璐

课程名称:走进博物馆,体验奇妙课

授课教师:靳可可

图书在版编目（CIP）数据

师说家庭教育 / 李慧清主编.— 上海：上海教育
出版社，2024.12.— ISBN 978-7-5720-3229-5

Ⅰ.G78

中国国家版本馆CIP数据核字第2024N4F857号

责任编辑　杜金丹

封面设计　周　吉

师说家庭教育

李慧清　主编

出版发行　上海教育出版社有限公司

官　　网　www.seph.com.cn

地　　址　上海市闵行区号景路159弄C座

邮　　编　201101

印　　刷　启东市人民印刷有限公司

开　　本　700×1000　1/16　印张 12.25

字　　数　160 千字

版　　次　2024年12月第1版

印　　次　2024年12月第1次印刷

书　　号　ISBN 978-7-5720-3229-5/G·2869

定　　价　56.00 元